かっこいい クチュール リメーク

山瀬公子

文化出版局

CONTENTS

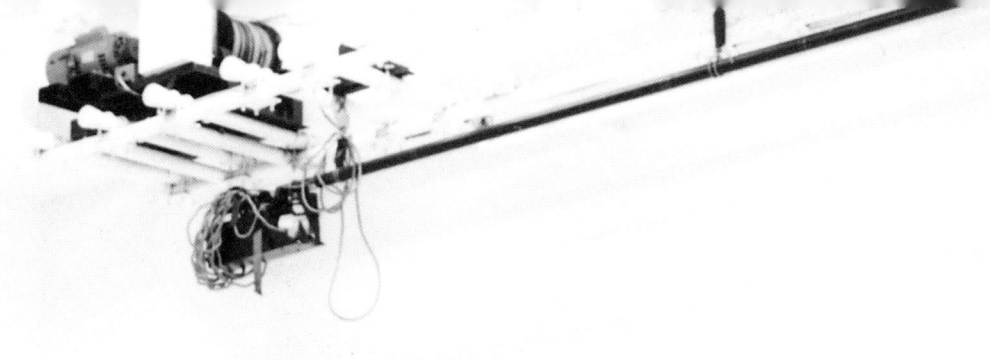

前著『かわいいクチュールリメーク』から4年たちました。
あの本では、女の人が身につけるスカーフやハンカチ、
セーターなどを素材にして、
手芸のような服作りをご紹介しました。
この本では、シャツやスウェット、
Tシャツなど、男の人が日常に着るものを使っています。
元気に働き大いに遊ぶ男の人たちのために作られた
これらのものには、質実で機能的で、
それだけで完成された美しさがある、
とずっと尊敬と憧れの気持ちを持っていましたから、
リメークのアイディアもわくわくしながら
ちょっと進化したと思っています。
本格的に洋裁ができなくても、
パズルを解くように
楽しんでいただけるとうれしいです。

山瀬公子

sweat shirts & T-shirts

スウェットから、
ドレープのあるブラウス

DRAPED BLOUSE
from SWEAT SHIRT

体が中で泳ぐくらい大きいス
ウェットのセンターを、裾から
たたんでとめただけ。蝶々みた
いな、華麗なドレープが生ま
れました。

オーダーのシャツ　RITA JEANS TOKYO
（GOOD OFFICE）
パンツ　MIRROR（07 TRICKY & TRUSTY）

作り方 p.10

2枚のTシャツを
並べた、チュニック

TUNIC
from TWIN T-SHIRTS

双子が仲よく肩を組んでいるよ
うに、Tシャツを2枚つなげた
ら、シックなチュニックに。幅
広リボンが重要な役割。

リボン：MOKUBA
キャミソール、スカート．agnès b.

作り方 p.11

スウェットから、ドレープのあるブラウス

p.8 の作品

材料
長袖スウェット（メンズ3XL）　1枚

作り方

1. 袖を、図のように、袖つけより外側でカット。
2. 袖つけを内側に二つ折りにして、ステッチ。
3. 袖口のリブ編みの片方でバンドを作る。
4. バンドの一方の端を前中心に縫いとめる。
5. 前裾から八つくらいのひだにたたんで、バンドでくるむ。外から見えないように内側をしっかり縫いとめたら、出来上り！

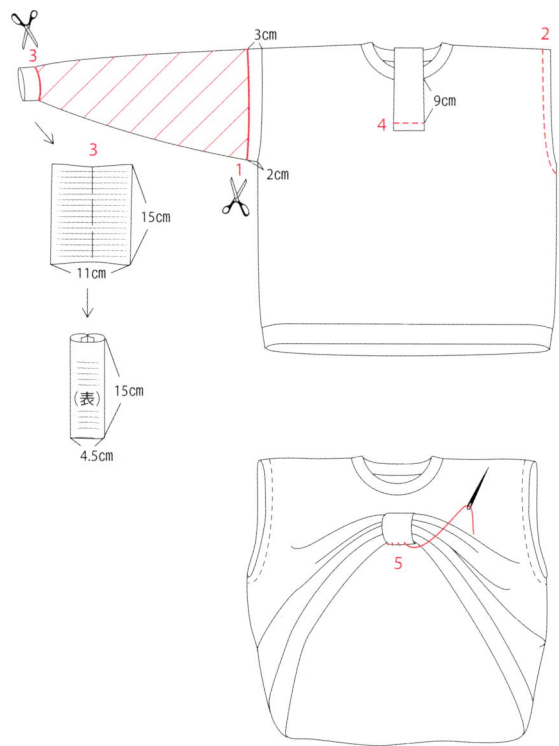

2枚のＴシャツを並べた、チュニック

p.9 の作品

材料
半袖Tシャツ（メンズ XL）　2枚
ベルベットリボン（3.8cm幅）　220cm

作り方

1. 2枚のTシャツを、図のように、左右逆にカット。衿ぐりの位置は、リブ編みの内側でカットする。
2. 左身頃の前端を表に折り、リボンをのせて、ステッチ。
3. 後ろ身頃どうしを中表にして、縫い合わせる。
4. 前身頃どうしを、衿ぐりのリブ編み部分で、図のように重ねて、ステッチ。
5. リボンをつけて、出来上り！

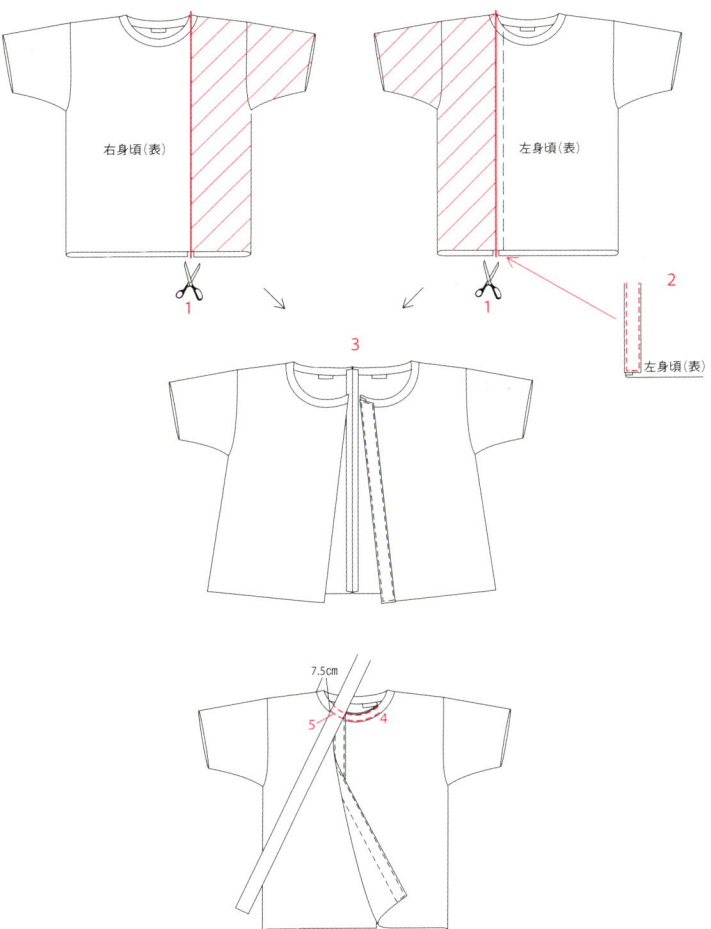

Tシャツから、
バッスルシルエットの
ブラウス

BUSTLE SILHOUETTE
from T-SHIRTS

バッスルに見えるのは袖です！
ジャストサイズのTシャツに、
XLのTシャツをギャザーを寄せ
て縫い合わせます。

リボン：MOKUBA
パンツ：TORO
帽子：Cha-Cha's House of Ill Repute
（CA4LA ショールーム）
ペンダント：RADA
（VIA BUS STOP ACCESSORY SHIBUYA PARCO）

作り方 p.14

Tシャツから、
バッスルシルエットのブラウス
p.12 の作品

材料
半袖Tシャツ（レディスS）　1枚
半袖Tシャツ（メンズXL）　1枚
ベルベットリボン（2cm幅）　180cm

作り方

1. 小さいTシャツを、図のようにカット。カーブは、パターンを参考に。これが身頃部分になる。
2. 大きいTシャツを、図のようにカット。カーブは、パターンを参考に。これがスカート部分になる。
3. 2枚のTシャツを中表にして重ね、前中心から合わせ、スカート部分の余りは、後ろ身頃でギャザーを寄せて、縫い合わせる。
4. 表に返して、リボンを図のように縫いとめる。
5. Tシャツの余った部分を、図のように裁断して、袖口につけたら、出来上り！

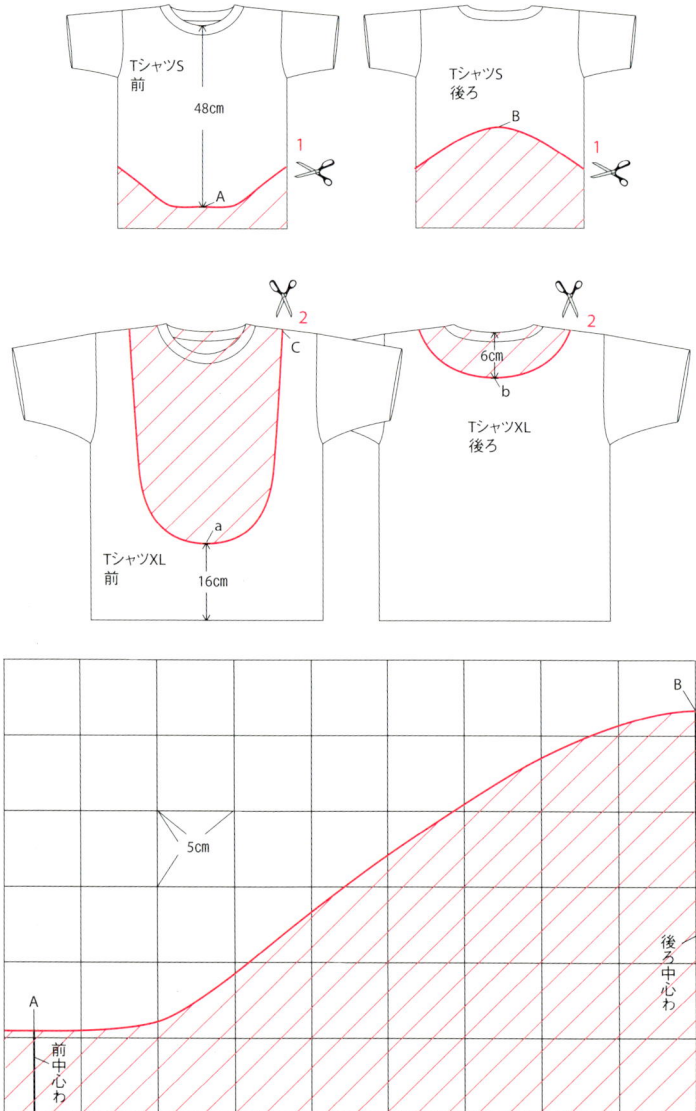

小さいTシャツの切替え線のパターン

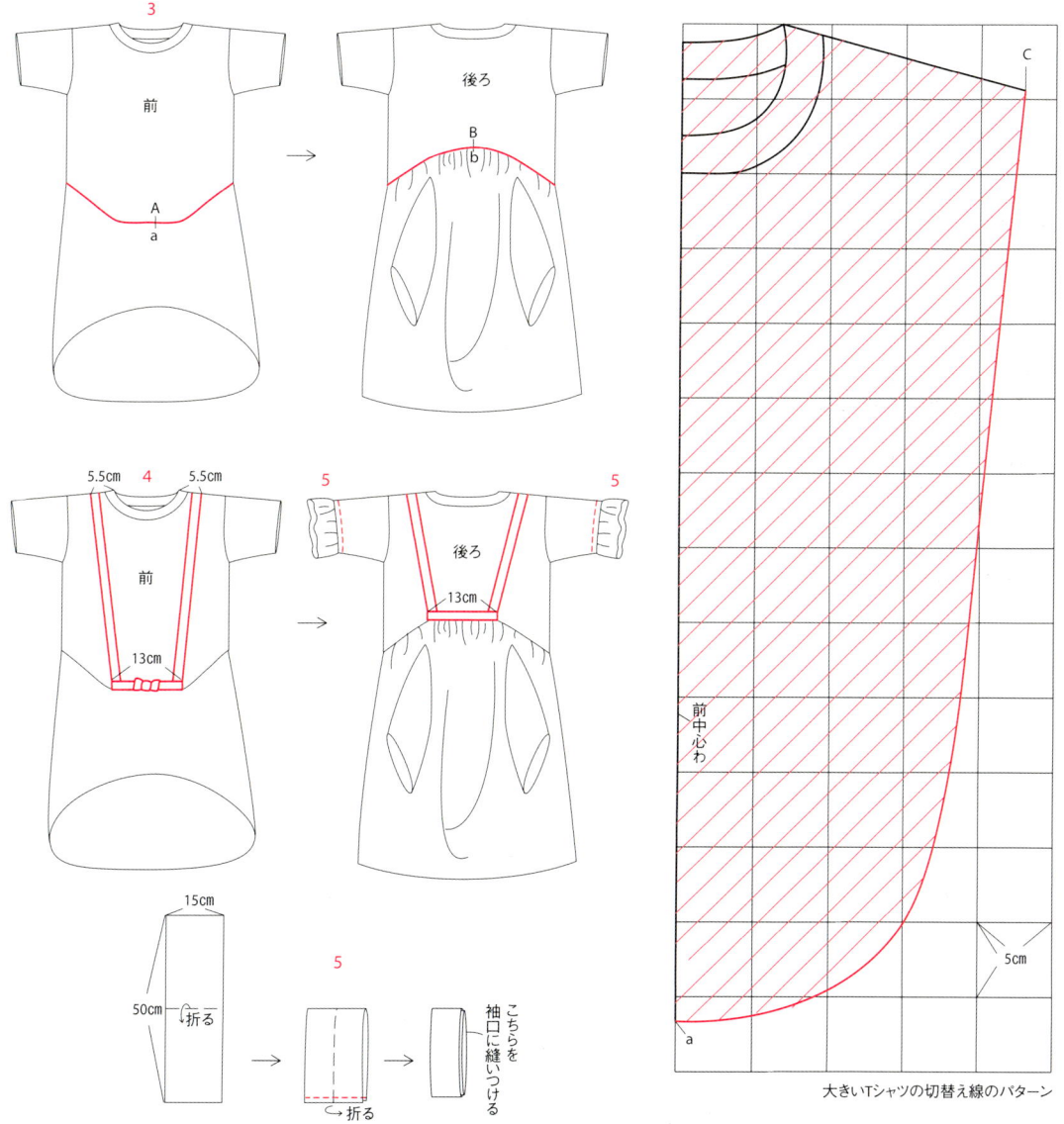

3

前

A
a

後ろ

B
b

4

5.5cm   5.5cm

前

13cm

5   5

後ろ

13cm

15cm

50cm 折る

5

折る

こちらを袖口に縫いつける

C

前中心わ

5cm

a

大きいTシャツの切替え線のパターン

スウェットから、
花びらの袖のブラウス
BLOUSE WITH
FLOWER SLEEVES
from SWEAT SHIRT

袖から身頃へ一続きにカットし
て袖ぐりで折り返したものをと
めつけて。女の肩はなんて小さ
いのでしょう。

パンツ：MIRROR（07 TRICKY & TRUSTY）
帽子・Cha-Cha's House of Ill Repute
（CA4LA ショールーム）

作り方 p.23

16

スウェットから、
バルーンのブラウス

BALLOON SILHOUETTE
from SWEAT SHIRT

狩猟家が獲物を敷物にするみた
いに、スウェットを切り開いて平
らにしてから筒状に縫います。腕
とリボンのための穴は縫い残して。
リボンは、ウエストに直接巻いて
端を表に出して結んでいるので、
バックはゆったりとボディから離れ
てきれいなシルエットを描きます。

リボン：MOKUBA
パンツ：ATSURO TAYAMA
ブレスレット：RADA
(VIA BUS STOP ACCESSORY SHIBUYA PARCO)

作り方 p.18

スウェットから、バルーンのブラウス

p.17 の作品

材料
長袖スウェット（メンズ L）　1枚
サテンリボン（3.8㎝幅）　200㎝

作り方

1. 身頃の脇と袖下を切り開く。
2. 後ろ身頃と左袖を中表にして、Aとaを合わせて縫う。
3. 前身頃と左袖を中表にして、Bとbを合わせて、裾から30㎝だけ縫う（途中、図のようにリボン通しの穴を縫い残す）。残り部分が袖口になって、ここから腕を出す。反対側も、2、3と同じ。
4. 袖口は、二つ折りにしてステッチ。
5. リボン通しの穴にステッチをかけ、リボンを通して、出来上り！

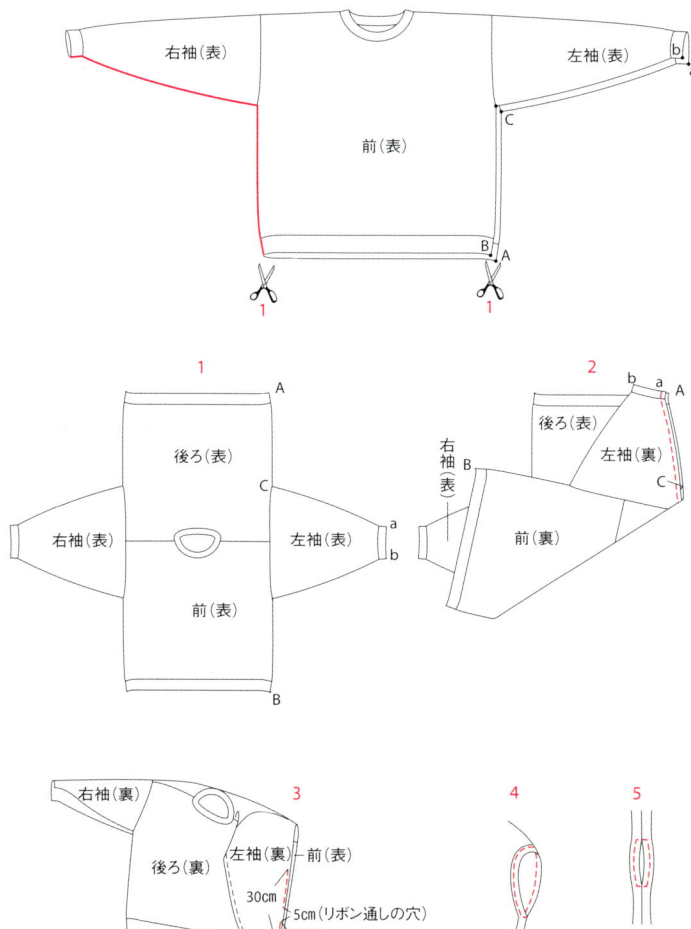

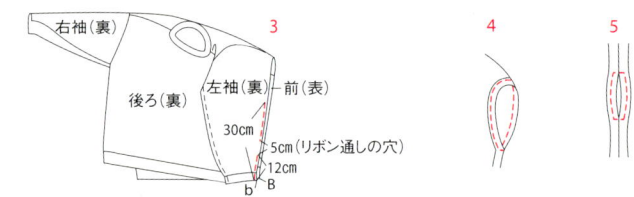

スウェットから、大きい衿のドレス

p.32 の作品

材料
長袖スウェット（メンズ L）　1枚
長袖スウェット（メンズ XL）　1枚

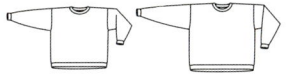

作り方

1. L サイズのスウェットを、図のようにカット。衿ぐりの前中心は、リブ編みぎりぎりをカットする。

2. 袖を裏返して、袖口を中表にして縫い合わせる。表に返して、中へ入れる。ここがポケットになる。

3. 衿ぐりを内側へ二つ折りにして、ステッチ。衿ぐりの前中心に図のようにタックをとり、ステッチ。後ろ中心も同じ。

4. XL のスウェットを、図のようにカット。

5. カットした裾の、リブ編みのはぎ目のところで、図のようにカットし、周囲を内側に二つ折りにして、ステッチ。

6. 残っているカフスのリブ編みで、バンドを二つ作る。前中心と後ろ中心に、図のように縫いつける。

7. 5を3に重ね、バンドでくるむ。外から見えないように内側をしっかり縫いとめたら、出来上り！

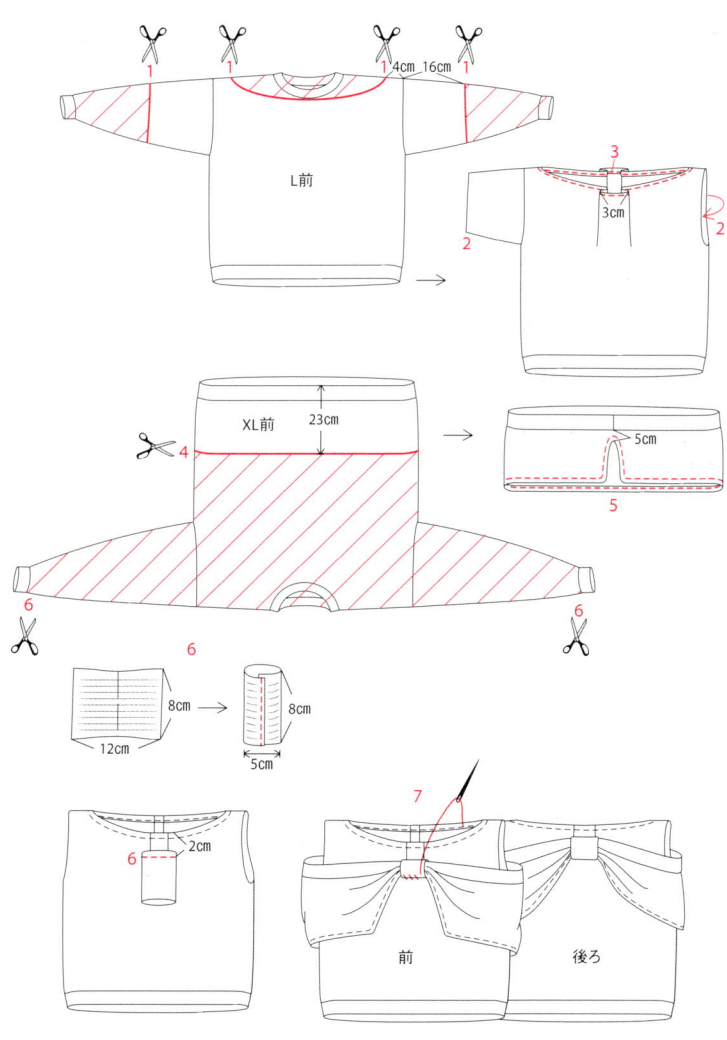

L前

3cm

4cm　16cm

3cm

XL前　23cm

5cm

5

6

8cm　→　8cm

12cm　　5cm

6

2cm

7

前　　　後ろ

スウェットから、
ボタンのブラウス

BLOUSE WITH BUTTONS
from SWEAT SHIRTS

ボタンでとめたボートネックが、
ギャザーたっぷりのドルマンス
リーブへ続く、豊かなボリュー
ムのフォルム。すとんと落とす
とスカートになり（右ページ右
上）、さらにそれを逆さまにする
とサルエルパンツに（右ページ
左下）。ボタンのとめ方次第でい
くつもの表情が誕生します。

パンツ：McQ ALEXANDAR McQUEEN
（VIA BUS STOP MOVIDA 4F）

作り方 p.22

右上のTシャツ、左下のTシャツ：RITA JEANS TOKYO（GOOD OFFICE）／右上と左下のレギンス：Click pebble（07 TRICKY & TRUSTY）／
左下のサスペンダー：TORO／右上と左下の靴：agnès b.

スウェットから、ボタンのブラウス

p.20 の作品

材料

長袖スウェット（メンズXL）　3枚
ボタン（直径2cm）　10個
ゴムテープ（0.7cm幅）　70cm

作り方

1. スウェットA、B、Cを、図のようにカット。
2. AとBは、片方の脇（リブ編みのはぎ目のところ）も切り開く。
3. Aにはボタンをつけ、Bにはボタンホールをあける。ボタンの位置は、図のように、中心から間隔をそろえる。
4. AとBを中表にして縫い合わせ、輪にする。
5. ゴムシャーリング（p.87参照）をして縫い縮め、Cと中表に縫い合わせる。
6. Cのリブ編みに穴をあけてゴムテープを通したら、出来上り！

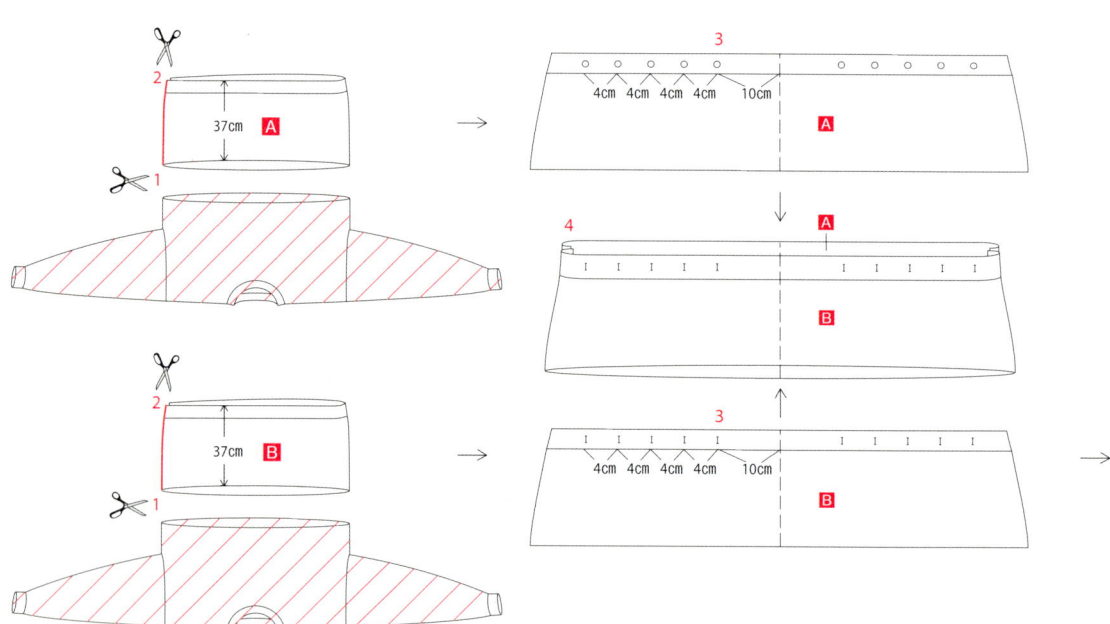

スウェットから、花びらの袖のブラウス

p.16 の作品

材料

長袖スウェット（メンズ XL）　1枚

作り方

1. 袖を袖ぐりから図のような寸法でカット。

2. カットした袖を袖つけで中表に折り返して、図のようになめらかな曲線にカット。

3. 中表に折った袖の袖山を、身頃の肩先にのせて、図のようにステッチ。

4. 袖ぐり下10cmは二つ折りにし、ゴムシャーリング（p.87参照）して、出来上り！

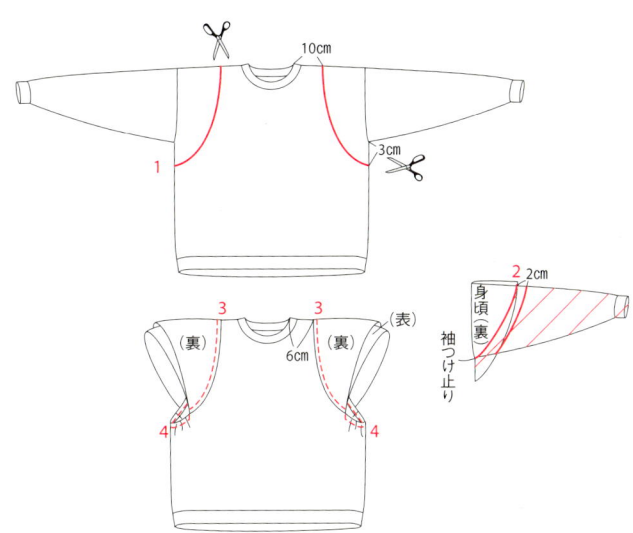

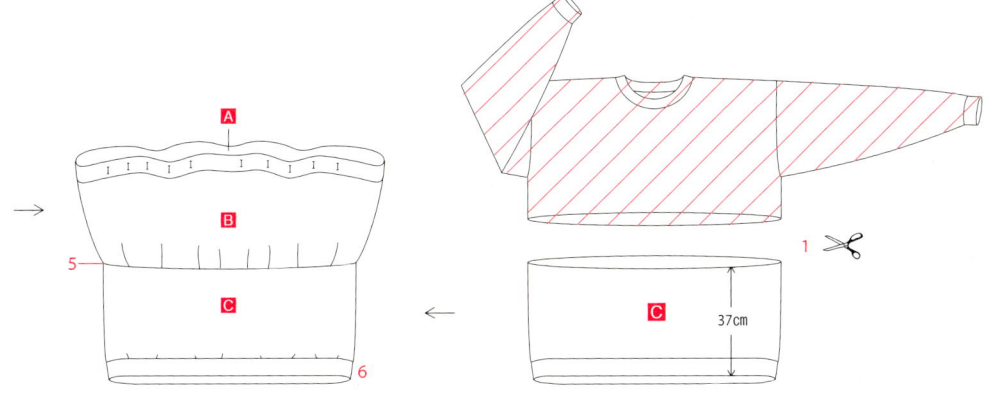

2枚のスウェットを
縦につないだ、
イブニングコート

EVENING COAT
from SWEAT SHIRTS

2種類の大きさのスウェットを
縦につなぎます。大きいほうを
ボトムにして、タックをたたみ、
裾のリブを生かします。

スカート：MATRIOCHKA
ネックレス：TORO
帽子：Mizoharada（CA4LAショールーム）

作り方 p.26

スウェットから、
小さなケープ

PETIT CAPE
from SWEAT SHIRTS

衿ぐりと平行にカットした丸
ヨークに、逆さまにした身頃の
裾のリブをつないで。スウェッ
トのどこにこんな愛らしさが隠
れていたのでしょう！

スカート：TORO
ヘッド飾り：CA4LA
（CA4LA ショールーム）
手袋：agnès b.

作り方 p.27

2枚のスウェットを縦につないだ、イブニングコート

p.24 の作品

材料
長袖スウェット（メンズL）　1枚
長袖スウェット（メンズ3XL）　1枚
ボタン（直径3cm）　1個

作り方

1. 図のように、Lのスウェットの衿ぐりと袖をカット。ここが身頃部分になる。

2. 肩から40cmで、裾をカット。

3. 前中心を切り開き、左右に1.5cm、カット。衿ぐりの角は丸くカットする。

4. 3XLのスウェットを、後ろまで続けて図のようにカット。前中心は切り開く。ここが、スカート部分になる。

5. 袖部分を中表にして、袖下からアームホールまで縫う。内側へ入れて、ここがポケットになる。

6. 身頃とスカートを中表に合わせて、縫う。前端、脇を合わせてピンを打ち、スカートの余った部分は図のようにタックをたたむ。寸法は目安。

7. 前端から衿ぐり、前端へ、ぐるりと内側へ二つ折りにして、ステッチ。袖口も、二つ折りにして、ステッチ。

8. 余った部分からポケットを作り、縫いつける。

9. ボタンをつけ、ボタンホールをあけたら、出来上り！

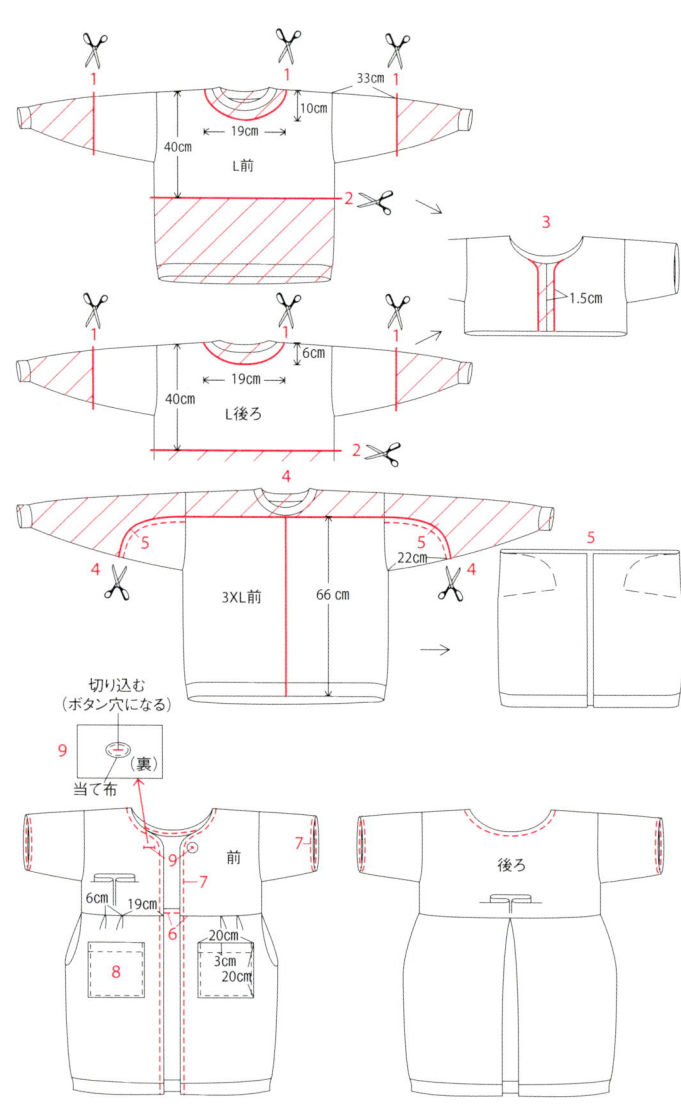

スウェットから、小さなケープ

p.25 の作品

材料
長袖スウェット（メンズ XL）　2 枚

作り方

1. スウェット A を、図のように
カット。これがヨークになる。
2. スウェット B を、図のよう
にカット。これが身頃になる。
3. ヨークの裾のカーブの上に、
身頃のリブ編みをのせて、ス
テッチ。
4. 身頃の裾を内側に二つ折り
にして、ステッチ。
5. 残った部分でリボンを作り、
前中心にとめつけたら、出来
上り！

memo

ここでは、色違いのスウェット2
枚で作りましたが、1枚でも作
れます。

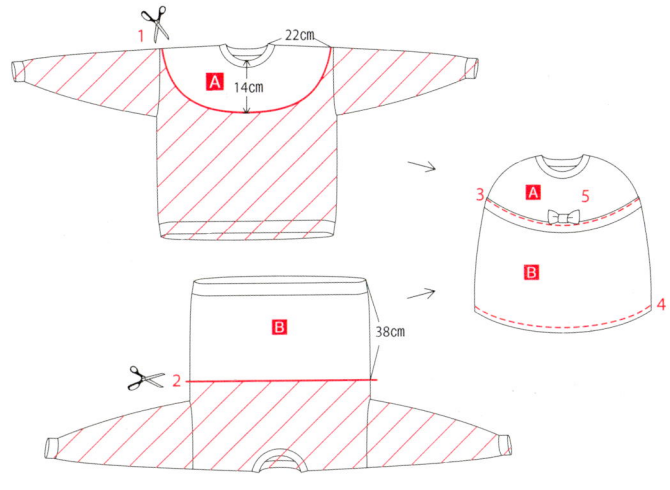

5 リボンの作り方

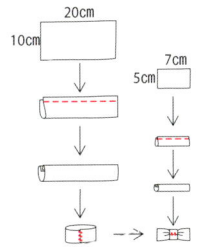

Tシャツから、
でんぐり返しのブラウス

UPSIDE-DOWN BLOUSE
from T-SHIRT

裾を衿ぐりの内側から引っぱり
出すと、ほら、ピエロの衣装み
たいなフリルの衿になるんです。
思わず笑ってしまう発見で
しょ？

リボン・MONURA
スカート・BERARDI
(VIA BUS STOP MOVIDA 4F)

作り方 p.30

Tシャツから、
だまし絵のワンピース

TROMPE-L'ŒIL
ONE-PIECE
from T-SHIRT

大きいTシャツの肩を切り開き、
タンクトップに衿のリブを縫いと
めただけ。ベアトップのワンピー
スの重ね着に見えるマジック。

リボン：MOKUBA
靴：agnes b.

作り方 p.31

Tシャツから、
でんぐり返しのブラウス

p.28 の作品

材料

半袖Tシャツ（メンズ XL）　1枚
ベルベットリボン（3.8㎝幅）　30㎝

作り方

1. 脇に、図のように切込みを
入れる。これが、内側の袖ぐ
りになる。

2. 肩先を、図のように二つの
aを合わせて縫う。

3. 裾を内側へ折り込んで、衿
から外へ出す。

4. 均等にひだを寄せて、衿の
リブ編みの外側で縫いとめる。

5. 前中心にリボンをつけて、
出来上り！

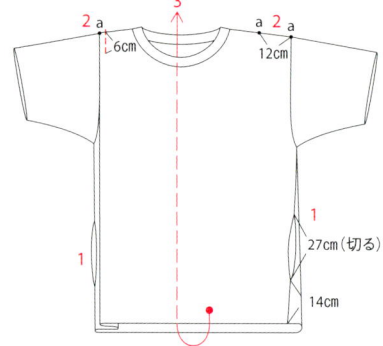

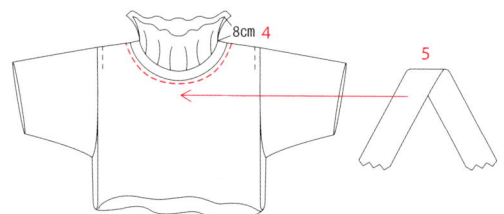

Ｔシャツから、
だまし絵のワンピース

p.29 の作品

材料
タンクトップ　1枚
半袖Ｔシャツ（メンズ XL）　1枚
ベルベットリボン（3.8cm幅）　200cm

作り方

1. Ｔシャツの肩を、図のように
カット。切ったところは、内
側へ二つ折りにして、ステッチ。

2. 袖を裏返し、中表にして袖
口を縫い合わせる。表に返し
て、内側へ入れる。これがポ
ケットになる。

3. タンクトップにＴシャツを、
図のように縫いつける（後ろも
同じ）。出来上り！

memo
ウエストのリボンは、着るときに
自由に締めます。

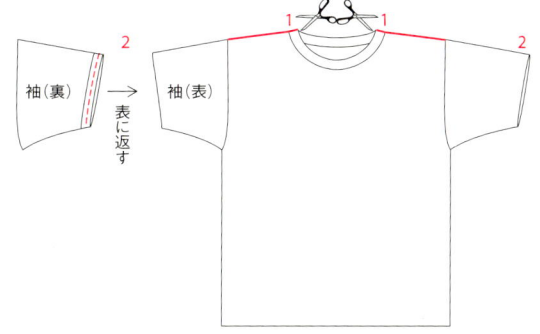

袖（裏）　→　表に返す　袖（表）

1　1　2　2

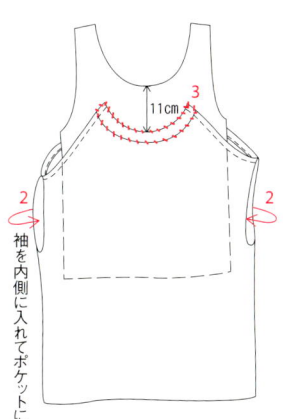

11cm　3

2　2

袖を内側に入れてポケットに

31

スウェットから、
大きい衿のドレス

DRESS WITH BIG COLLAR
from SWEAT SHIRTS

センターからドレープが広がる
リトルブラックドレスは、2枚
のスウェットをつないだもの。
ボトムのサイドは、袖を折り込
んでシルエットを作ります。

ブレスレット：TORO

作り方 p.19

スウェットの袖を
リボンにしたベアトップ

BARE TOP WITH
BIG RIBBON
from SWEAT SHIRT

フロントのボーは、切り取った袖。
リブのバンドにタックをたたんで
通します。スポーツウェアがエレ
ガントな夜の服に。

ヘッド飾り：Misaharada
（CA4LA ショールーム）

作り方 p.86

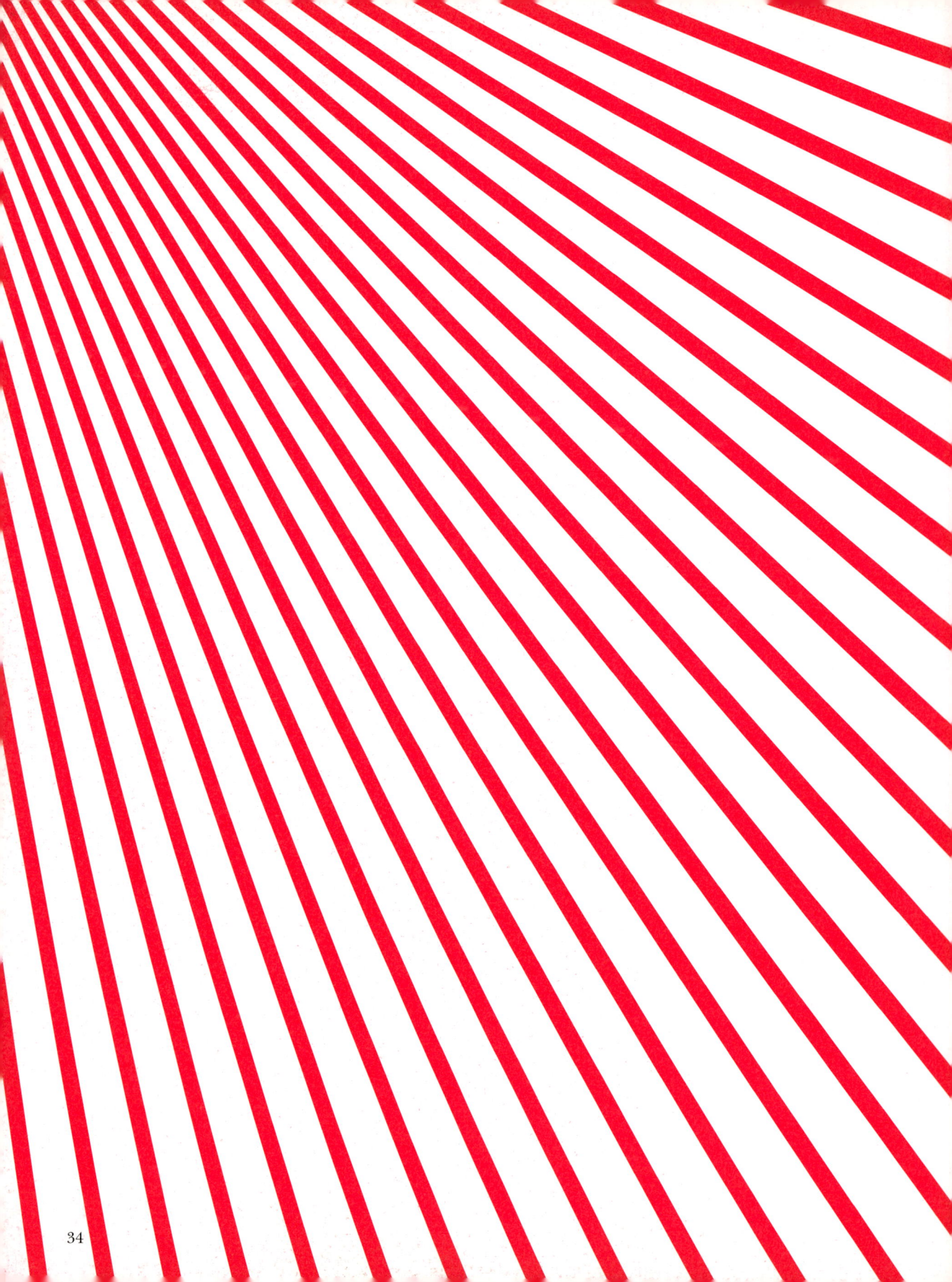

men's shirts

メンズシャツから、
フリルのドレス

DRESS WITH FRILL
from MEN'S SHIRTS

シャツの裾をパンツから出すか
出さないか、男の子にとって重
要な問題だそうですが、裾の
カーブをおもしろがってフリル
にしてみました。袖から裁った
布をセンターにはめ込み、プ
リーツをたたみます。

靴：io yukomura"ta（io／H.P.FRANCE）

作り方 p.38

メンズシャツから、
大きい袖のブラウス

BLOUSE WITH
BIG SLEEVES
from MEN'S SHIRTS

前立てを生かした筒の袖をラグ
ランスリーブにして。台衿つきの
衿を大事にとっておいて、肩飾り
に使います。

パンツ：CIMARRON（栄光商事）
ブレスレット：CARBOOTS

作り方 p.39

メンズシャツから、フリルのドレス

p.36 の作品。

材料
メンズシャツ（XL）　4枚
ゴムテープ（2.5cm幅）　60cm

作り方

1. シャツ A を、図のようにカット。これが身頃になる。

2. 残った両袖から、図のような台形を裁つ。はいでも OK。これが前プリーツになる。

3. 身頃の前立ての裾と、プリーツの裾を合わせて、縫い合わせ、筒状にする。

4. ボタンをとめて、図のようにプリーツをたたんで縫いとめる。

5. シャツ B、C、D を、図のようにカット。

6. つないで輪に縫う。これがフリルになる。

7. シャツ A の裾の長さになるように、フリルに均等にゴムシャーリングをし（p.87 参照）、中表にして縫い合わせる。

8. 胸の部分を三つ折りにして縫い、ゴムテープを通す（p.87 参照）。仕上りは前身頃28cm、後ろ身頃26cm。

9. 残った部分から肩ひもを4本作って、縫いとめたら、出来上り！

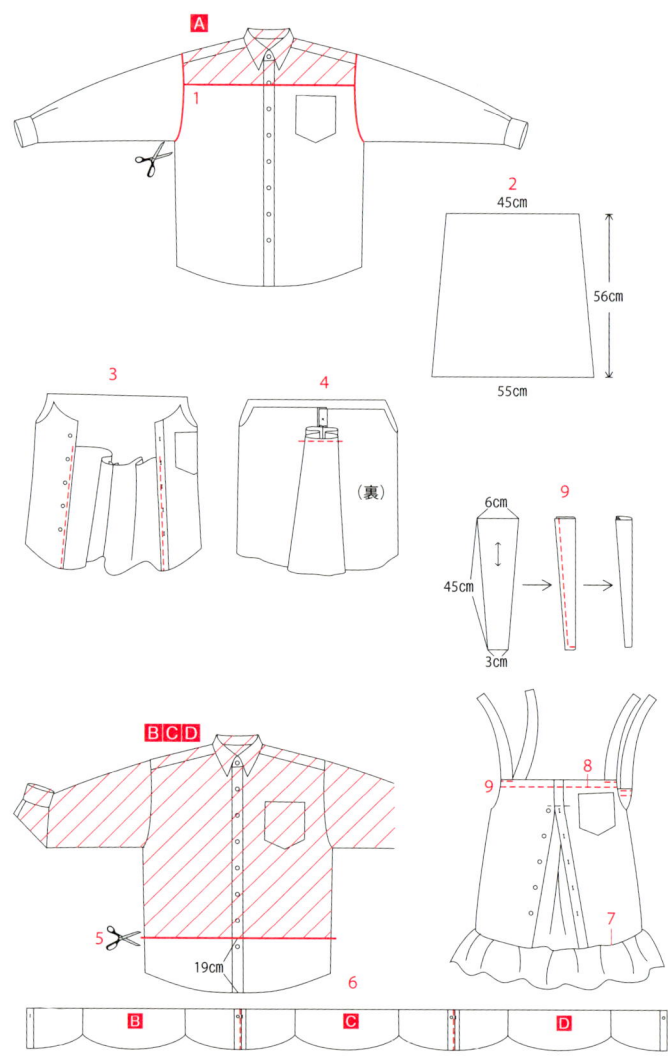

メンズシャツから、大きい袖のブラウス

p.37 の作品

材料
メンズシャツ（XL）　2枚
ゴムテープ（0.8cm幅）　50cm

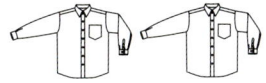

作り方

1. シャツ A を、前後とも図のようにカット。これが身頃になる。衿は、台衿の際からカット。
2. 胸の部分は、三つ折りにして縫い、ゴムテープを通す（p.87 参照）。仕上りは20cm。後ろも同じ。
3. シャツ B のボタンをとめて、前身頃と後ろ身頃を、図のようにカット。両端を縫い合わせて、筒状にする。これが袖になる。衿は、台衿の際からカット。
4. 身頃に袖をつける。ボタンのある前立てが袖山になるようにして、袖下から縫う。
5. 残った袖つけを、A と B の台衿と同じ長さに縫い縮める。
6. A と B の台衿をのせて、ステッチでとめる。
7. 袖口を二つ折りにして、ステッチ。出来上り！

memo

ここでは合理的に2枚のシャツから作っていますが、p.37 の作品は別のシャツからの台衿を使っています。

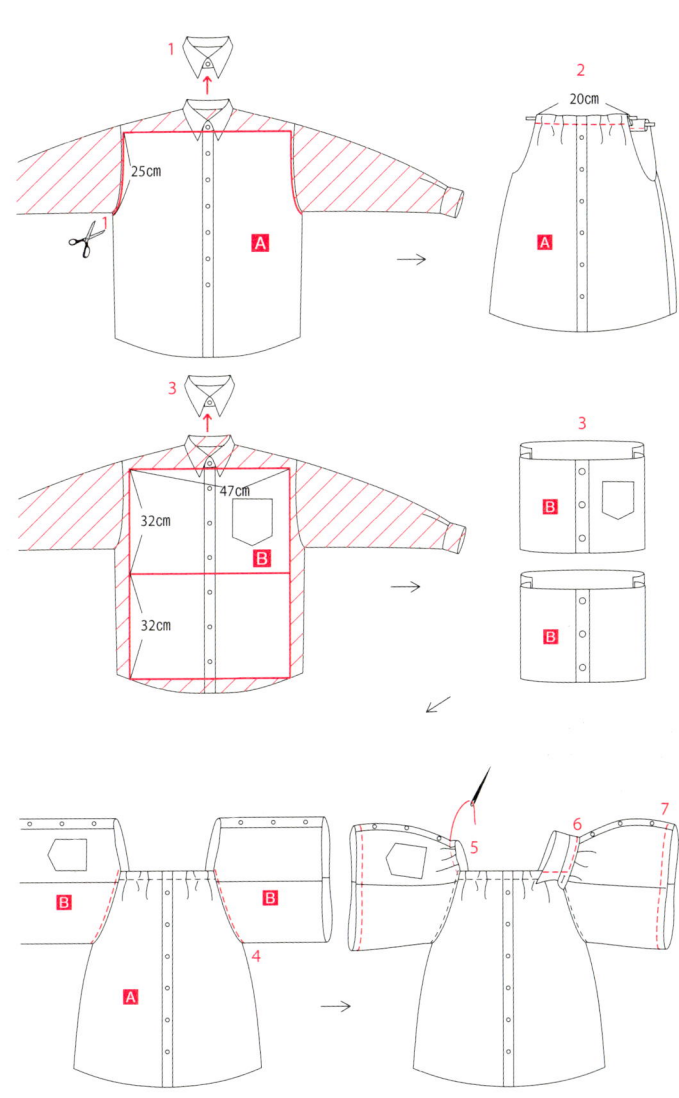

メンズシャツから、
2WAY ドレス

2WAY DRESS
from MEN'S SHIRTS

シャツの前立てとボタンを主人公
にしたチューブのドレス。裾の前
立てを折り返してボタンをとめる
と、ミニスカートになります。

左ページのネックレス：CARBOOTS
右ページのキャミソール、
ホールターネックのベスト：TORO

作り方 p.42

メンズシャツから、
2WAYドレス

p.40 の作品

材料
メンズシャツ（XL）　2、3枚
ゴムテープ（1.5cm幅）　70cmくらい

作り方

1. シャツの前身頃のボタン側から、23cm幅の長方形をカット。何枚かのシャツから切り取って、中表にして縫い合わせ、100cmくらいの筒を作る。

2. 前立てをカット。何枚かのシャツから切り取って、はぎ合わせ、120cmくらいの輪を作る。

3. 前身頃、後ろ身頃、袖などから、45cm幅の長方形をカット。何枚かのシャツから切り取って、中表にして縫い合わせ、200cmくらいの筒を作る。両端にゴムシャーリングをする（p.87 参照）。

4. 3の上端に1をのせて、ステッチ。

5. 3の下端を2にのせて、ステッチ。

6. 1の上端を内側に三つ折りにしてステッチ。一部を縫い残してゴムテープを通し（p.87 参照）、自分のウエスト寸法にしたら、出来上り！

memo
折り返してミニスカートにするとき、ボタンホールとボタンの間隔がぴたりと合わなくても大丈夫。むしろ、たるんだり、つれたりしたほうがニュアンスが出ておもしろい。

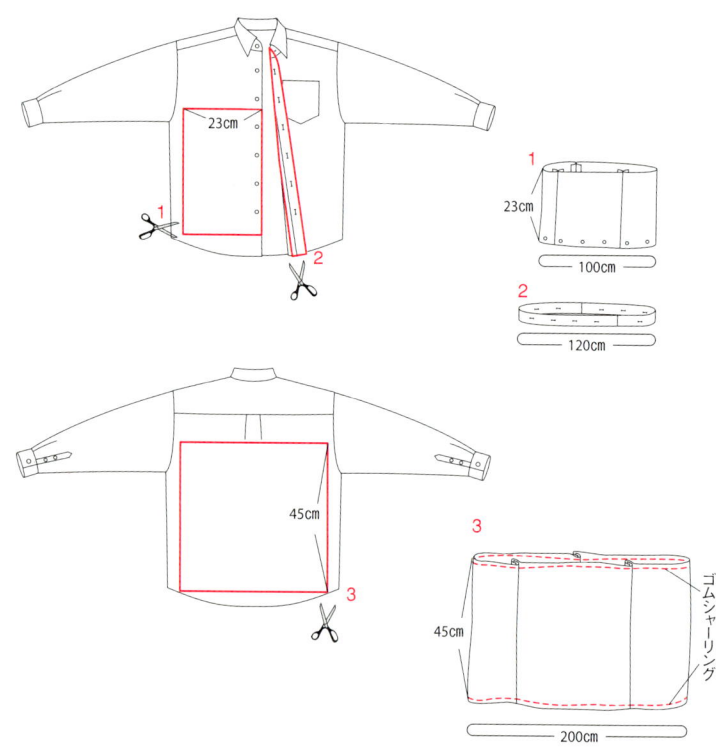

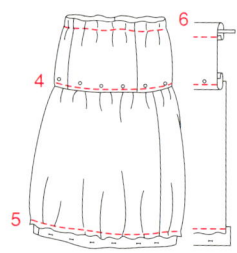

メンズシャツの袖を はりつけた T シャツ

p.68 の作品

材料
メンズシャツ（XL）　1枚
Tシャツ（レディス M）　1枚
ゴムテープ（0.7cm幅）　40cm

作り方

1. ワイシャツの袖を、図のようにカット。
2. 袖口を、図のようにカットして、三つ折りにして縫う。一部縫い残して、ゴムテープを入れ、とじる（p.87 参照）。
3. Tシャツを、図のようにカット。
4. ワイシャツの袖とTシャツの新しい袖ぐりを、中表にして縫い合わせる。肩先から合わせていき、長さの違う分は袖下でギャザーを寄せて調節する。出来上り！

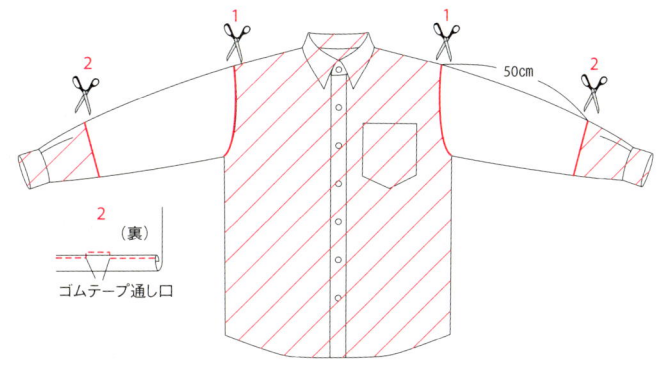

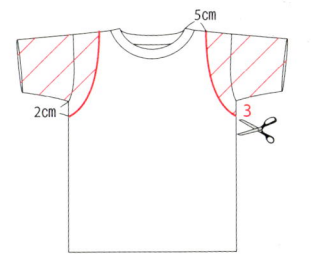

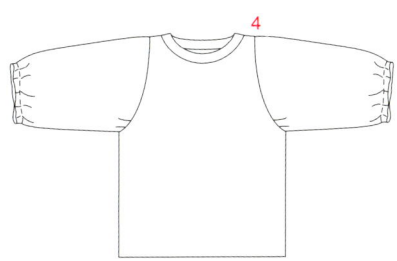

メンズシャツから、六つの袖があるドレス

DRESS WITH 6 SLEEVES
from MEN'S SHIRTS

衿を取った2枚のシャツにギャ
ザーを寄せて、もう1枚につけたド
レス。だから、袖が六つ。ふんわ
りと空気をはらみます。これは細
番手の上質なシャツで作りたい。

パンツ：CIMARRON（栄光商事）
髪飾り：natsu（Lamp harajuku）
靴：yuks

作り方 p.46

メンズシャツから、
Vネックのジレ

GILET
from MEN'S SHIRT

前立てのいちばん上のボタンをは
めて、そこが後ろ中心になる仕掛
け。落ちた肩がフレンチスリーブ
みたいに見えます。飾りテープは、
レースでもかわいい。

スカート：MATRIOCHKA

作り方 p.47

メンズシャツから、六つの袖があるドレス

p.44 の作品

材料

メンズシャツ（XL）　3枚
綾テープ（0.9cm幅）　200cm

作り方

1. シャツAは図のように、裾をカットしてから、衿ぐりから前立て、袖先をカット。
2. 前端は内側に二つ折りにして、ステッチ。続けて衿ぐりにも、裁ちっぱなしのままで、ステッチ。これが身頃になる。
3. シャツBとCを図のように、袖山から水平にカット。袖は、袖口の短冊の端でカット。
4. シャツBとシャツCのボタンをはめて、つなぐ。上端にゴムシャーリングをする（p.87参照）。
5. 2と4を中表にしてはぎ合わせる。
6. 綾テープを4か所、図のようにとめたら、出来上り！

memo

袖口は自由に折り返します。きちんと内側に三つ折りにしてステッチをかけてもいいです。

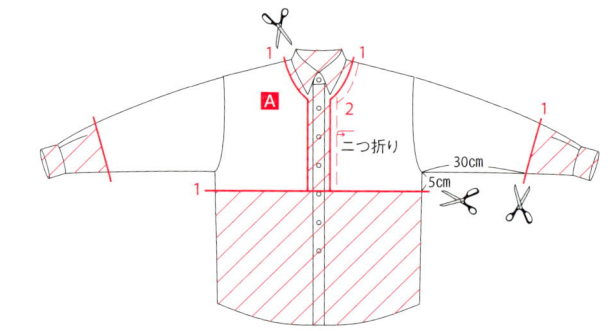

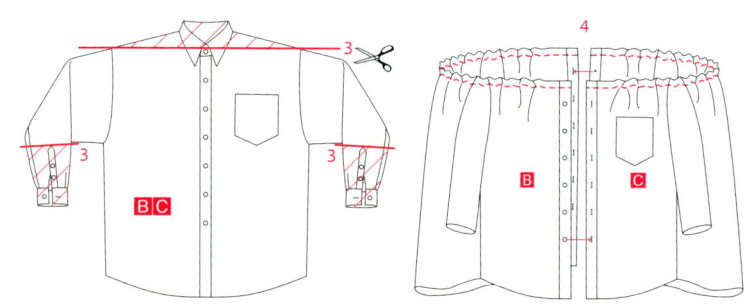

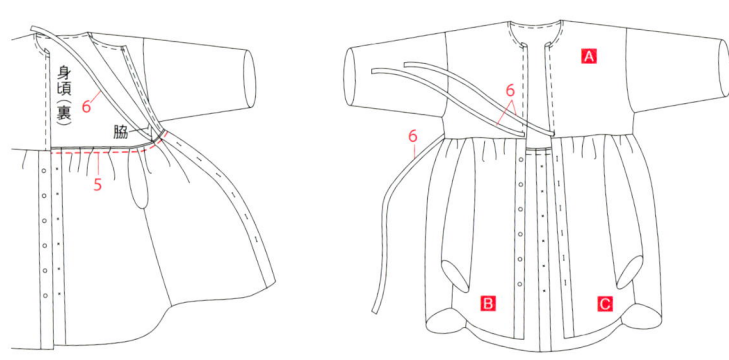

メンズシャツから、
Vネックのジレ

p.45の作品

材料
メンズシャツ（XL）　1枚
フリンジつきテープ
　（シャツの前立て＋2㎝）×2

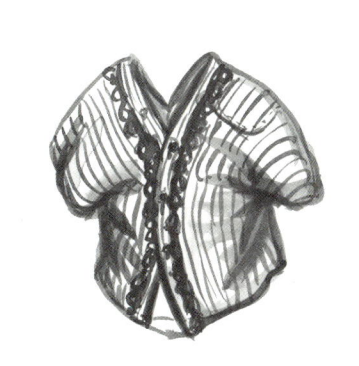

作り方

1. 台衿を残して、衿をカット。
2. 袖を1㎝残して、カット。
3. 両脇を切り離す。
4. 後ろ身頃のヨークを、カット。
5. 前身頃の脇を、袖つけから
自然な線で、カット。
6. 前立てにフリンジつきテー
プをステッチでとめる。
7. 台衿は、ボタンをとめてから
重ね合わせ、ステッチで縫い
合わせる。
8. 後ろヨークの端（A）と前身
頃の端（a）を中表に合わせて、
図のように縫い合わせる。B
とbも同様に。
9. 袖ぐりを内側に二つ折りに
してステッチをかける。出来上
り！

memo

ヨークのあるシャツで作ります。

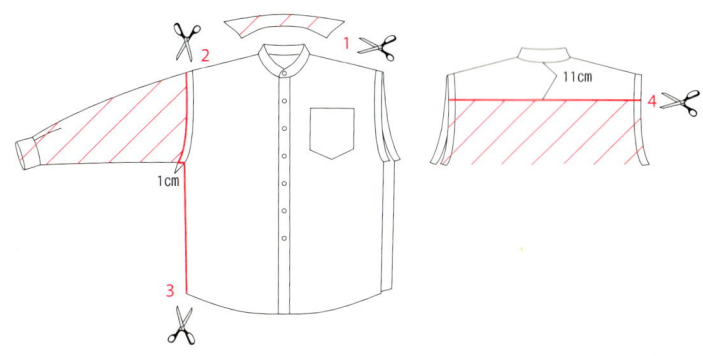

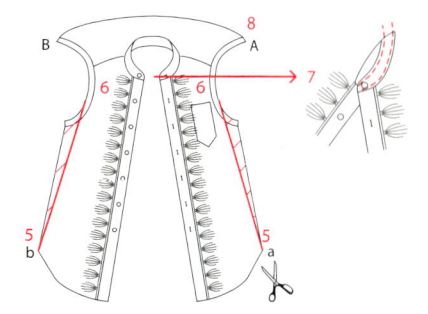

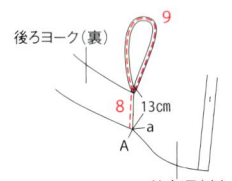

メンズシャツの
前身頃だけのホールタートップ
HALTER TOP
from only MEN'S SHIRT FRONT
前身頃しか使いませんが、前立てとボタン、
カフスがスパイスになって、メンズシャツ
のエスプリを感じさせます。

スカート：agnès.b
髪に巻いたスカーフ：MATRIOCHKA

作り方 p.50

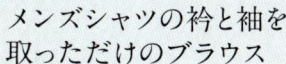

メンズシャツの衿と袖を
取っただけのブラウス
BLOUSE from MEN'S SHIRT
WITHOUT COLLAR & SLEEVES

こちらは、シャツの衿と袖を取っ
ただけのブラウス。ここでは別
布でリボンを作りましたが、同じ
シャツで残った袖から作ってもい
いし、絹のスカーフでもすてき！

パンツ、ブレスレット：CARBOOTS

作り方 p.51

メンズシャツの
前身頃だけのホールタートップ

p.48 の作品

材料
メンズシャツ（XL）　1枚
ゴムテープ（0.7cm幅）　40cm

作り方

1. ボタンホールのある側の身頃から、図のように、長方形を裁断。これが前身頃になる。後ろ身頃や袖まで回っても気にしない。

2. 図のように、ダーツを縫う。

3. ボタンのついている側の身頃から、ボタンのついている部分を前立ての幅にカットし、端にステッチ。これが、つりひもになる。

4. ボタンのついていた側の身頃から、図のように、長方形を裁断。これが後ろ身頃になる。

5. 4の上端を三つ折りにして縫い、ゴムテープを通し、35cmにする（p.87参照）。左端から裾へ、内側に二つ折りにしてステッチ。

6. 前身頃と後ろ身頃を中表にして、右脇だけ縫い合わせる。

7. 片方のカフスのボタンホール側をカットして、前身頃の左端の上につける。残ったカフスからボタンをはずして、後ろ身頃の左端の上につける。

8. つりひものボタンを、前身頃のボタンホールにとめて、出来上り！

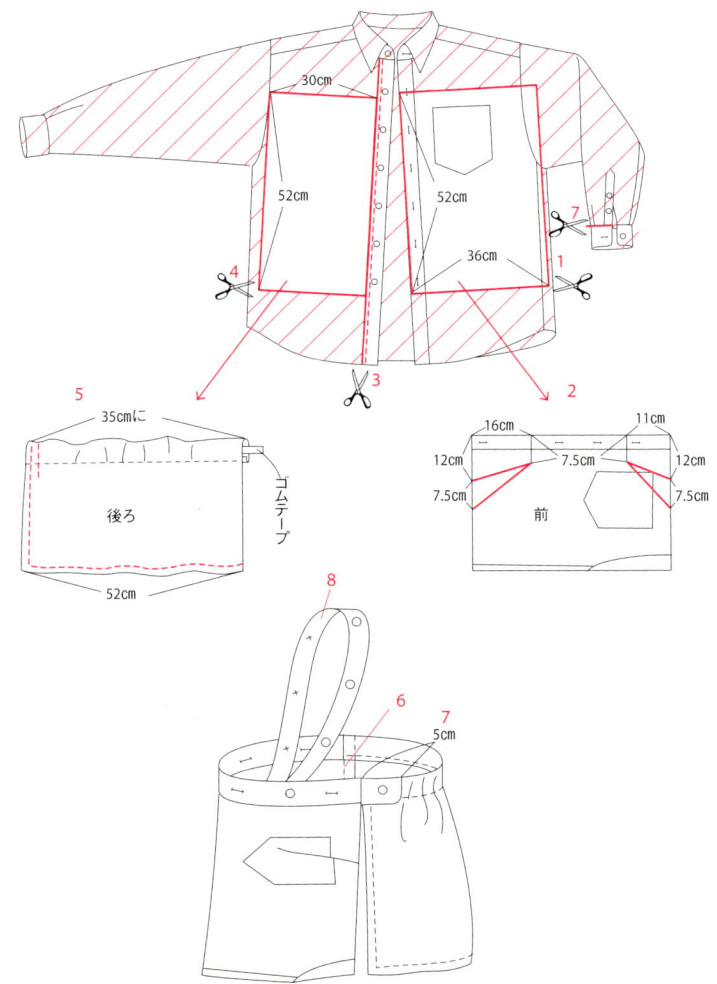

50

メンズシャツの衿と袖を取っただけのブラウス

p.49 の作品

材料
メンズシャツ（XL）　1枚
別布　60 × 60㎝
バイアステープ（1㎝幅）　220㎝

作り方

1. シャツを、図のようにカット。
2. バイアステープで、衿ぐり、袖ぐりを始末する。
3. 別布で、リボンを裁断する。リボンを縫う。
4. シャツに、図のようにリボンを縫いとめる。出来上り！

memo
後ろでもリボンを結んでいます。

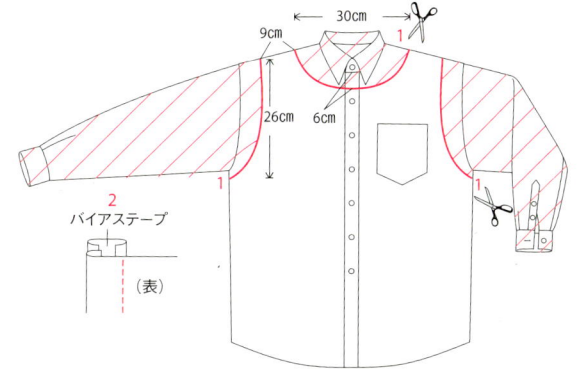

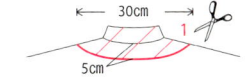

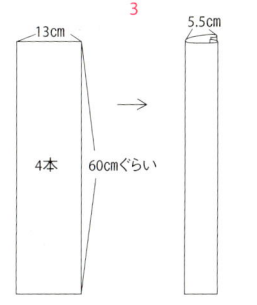

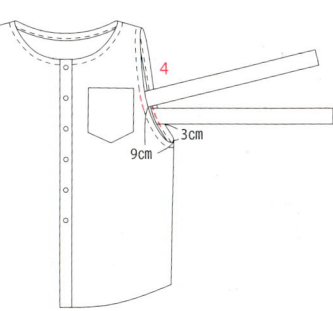

メンズシャツから、
ホールタートップ

HALTER TOP
from MEN'S SHIRT

シャツの身頃の幅をそのまま生
かしたホールタートップ。後ろ
前にするので、前立てのボタン
が背中心で並びます。

二人のパンツ：MATRIOCHKA
二人の靴：ニーム 代官山店

作り方 p.54

メンズシャツから、
ホールタートップ

p.52 の作品

材料
メンズシャツ（XL）　1枚
別布　20 × 20cm
ゴムテープ（0.7cm幅）　40cm

作り方

1. 図のように、前身頃と後ろ身頃を続けてカット。

2. 後ろ身頃の袖ぐりは二つ折りにして、ステッチ。

3. ボタンをとめて、前身頃の上端を三つ折りにしてステッチ。ゴムテープを通して、35cmに仕上げる（p.87参照）。これが後ろ身頃になる。

4. 後ろ身頃の上端を三つ折りにして、ステッチ。これが前身頃になる。

5. 別布でポケットを作って、縫いとめる。

6. 残った袖でひもを作り、通したら、出来上り！

memo

ポケットの布は、シャツと共布でもいいですが、アクセントになるような別布を探してみませんか。

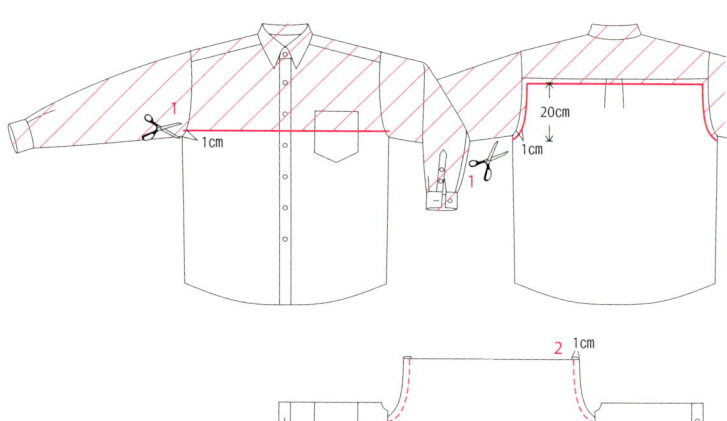

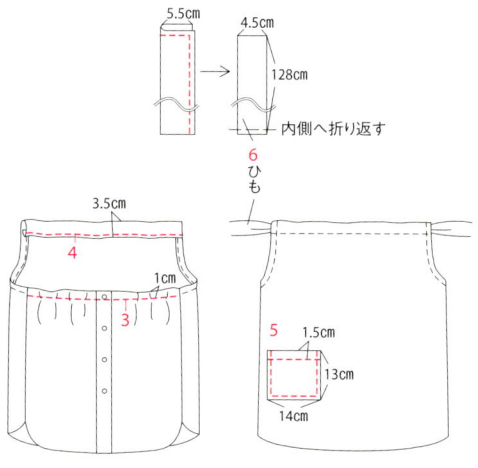

数えきれないメンズシャツの
衿のトートバッグ

p.69 の作品

材料
シャツの衿　13枚
別布　30 × 25㎝

作り方

1. 台衿ごとはずした衿を、約
   1㎝重ねてステッチ。図のよう
   に 6 段つないだものを二つ
   作って、輪につなぐ。
2. 別布の底と1を、中表にし
   て縫い合わせる。
3. 衿を持ち手にして、縫いつ
   けたら、出来上り！

memo
3段くらいのミニトートでも、充
分にかわいい！

1

70cm

45cm

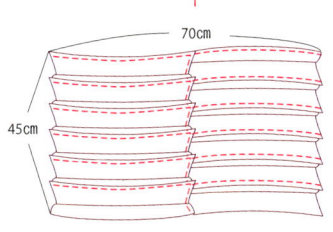

3

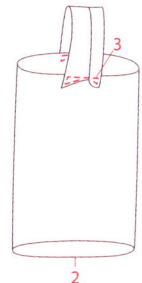

2

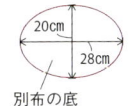

20cm

28cm

別布の底

2枚のメンズシャツを
縦につないだ、ワンピース

ONE-PIECE
from 2 STORIED
MEN'S SHIRTS

2枚のシャツを肩車したみたい
に縦につないだワンピース。こ
れは、ビジネスマンが着る細番
手のシャツより、休日に着る厚手
のシャツのほうが向いています。

靴：yuks

作り方 p.58

メンズシャツから、
ハイウエストのブラウス

HIGH-WAISTED BLOUSE
from MEN'S SHIRTS

大きすぎる幅は真ん中で縫い縮め、
たくさんほしいギャザー分は他のシャ
ツから持ってくる。オーバーサイズの
シャツの足し算引き算を駆使したブラ
ウスです。前立てをベルトにして。

作り方 p.59

2枚のメンズシャツを縦につないだ、ワンピース

p.56の作品

材料

メンズシャツ（XL）　2枚
ゴムテープ（0.7cm幅）　60cm

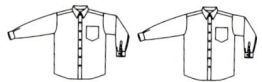

作り方

1. シャツAの衿ぐりを、図のようにカット。内側に三つ折りにし、ステッチ。一部を縫い残して、ゴムテープを通して、とじる（p.87参照）。

2. 袖は、衿ぐりから28cmでカット。

3. 袖のカフス側も、袖口の短冊から1cm上をカット。

4. カットした袖口にギャザーを寄せて、カフス側と中表にして縫い合わせる。

5. シャツBの袖を、アームホールから1cm外側でカット。さらに、裾から68cmでカット。後ろも同様に。

6. シャツBの上端を1cm内側に折り、シャツAの上に重ねて、縫い合わせる。

memo

サイズの違うシャツを使うときは、大きいほうをシャツBにします。縫い合わせて、シャツBが余るときは、アームホールの下でギャザーを寄せます。

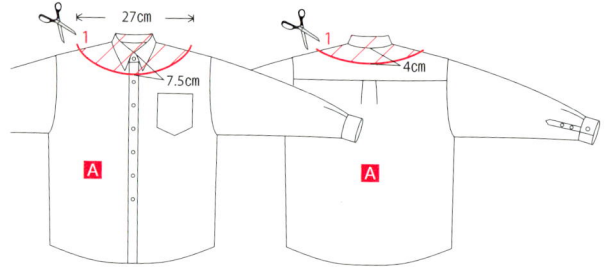

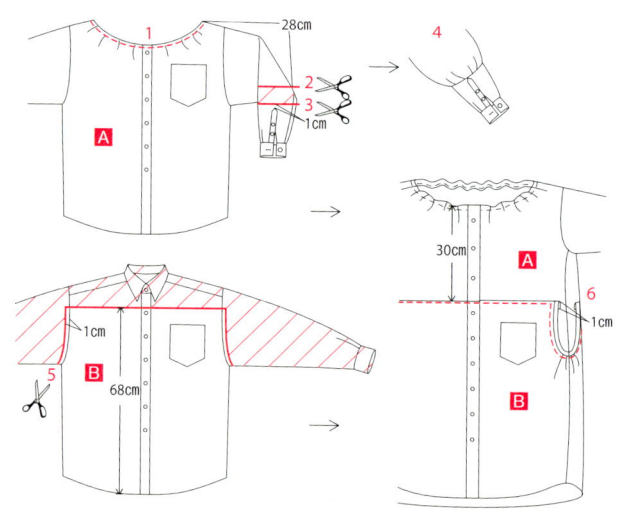

メンズシャツから、ハイウエストのブラウス

p.57 の作品

材料
メンズシャツ（XL）　2枚
ゴムテープ（0.7cm幅）　60cm

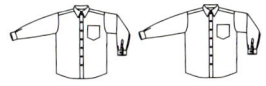

作り方

1. シャツAの前立てをカット。下前の
ボタンがついている側も、同じ幅で
カット。

2. 前中心で裾から36cmのところを水
平に、前身頃から後ろ身頃へ続けて、
カット。

3. 衿ぐりを、前身頃から後ろ身頃へ
続けて、図のようにカット。

4. 後ろ身頃の上部分の背中心を、図
のようにカットして、残った分を中表
に縫い合わせる。これが身頃になる。

5. 裾部分の背中心を、切り開く。

6. シャツBのボタンをはめて、前身頃
を、図のようにカット。

7. 5のシャツAの後ろ中心の裾と、
6のシャツBの裾を合わせて、中表
にして縫い合わせる。これがスカート
部分になる。

8. スカートの上端全体にゴムシャー
リングをして（p.87参照）、身頃のウ
エストの寸法と同じに縫い縮める。

9. 身頃にスカートをウエスト位置で
重ねて、縫い合わせる。

10. 裾から前端、衿ぐり、裾、とぐる
りを内側に二つ折りにして、ステッチ。

11. 袖を袖口の短冊までカット。三つ
折りにして、一部を残してステッチ。
ゴムテープを通して、とじる（p.87参
照）。

12. 1の前立てと、ボタンがついてい
る短冊を、ボタン一つはめて、図のよ
うに縦につないでステッチ。これがベ
ルトになる。

13. ベルトをウエストにのせる。右身
頃にボタンのついている短冊がくるよ
うにして、左身頃はなりゆき。ステッ
チでとめたら、出来上り！

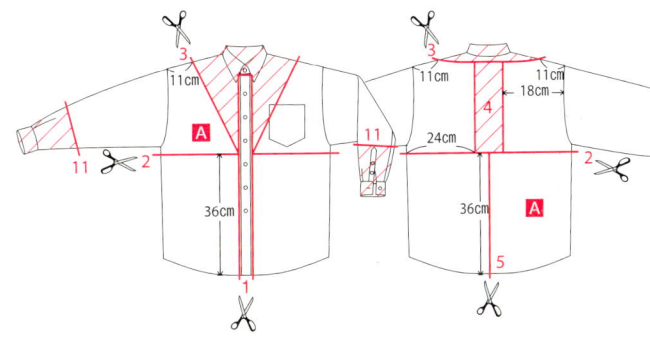

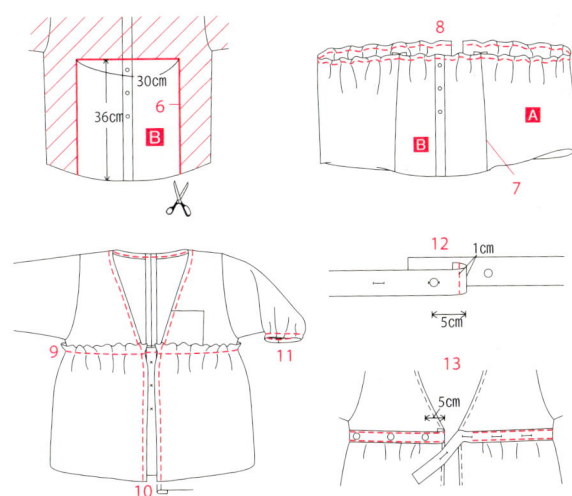

メンズシャツから、
カフスをはりつけたブラウス

BLOUSE PATCHED
MEN'S SHIRT CUFF

大きすぎる身幅をセンターでたたん
でカフスで押さえたブラウス。袖も
好きな長さにしてゴムテープを入れま
す。大男を思いどおりに手なずける
みたい。

パンツ : Selframe
ベルト : CARBOOTS

作り方 p.62

メンズシャツから、
前立てをつないだホールタートップ

WE CAN FLY HALTER TOP
from MEN'S SHIRT

シャツの前立ては、魅力的なアイコ
ン。前端からホールターネックまで
一続きに使います。これは、上等な薄
手のシャツで作ってください。

キャミソール：TORO
パンツ：マリン フランセーズ 代官山店

作り方 p.63

メンズシャツから、カフスをはりつけたブラウス

p.60 の作品

材料

メンズシャツ（XL）　1枚
ゴムテープ（0.7cm幅）　95cm

作り方

1. 衿は、台衿を残してカット。
2. 袖は、袖口の短冊ぎりぎりでカットし、三つ折りにして縫う。一部縫い残して、ゴムテープ30cmを通し、とじる（p.87参照）。
3. 片方の袖のカフスをカット。
4. ボタンをきちんととめて、図のように切込みを入れる。
5. 切込みの上と下に図のようにタックをたたみ、上を下に重ねて縫う。
6. カフスをタックの上にのせて、ステッチ。
7. 後ろ身頃に図のようにゴムテープをつけて、33cmにする。出来上り！

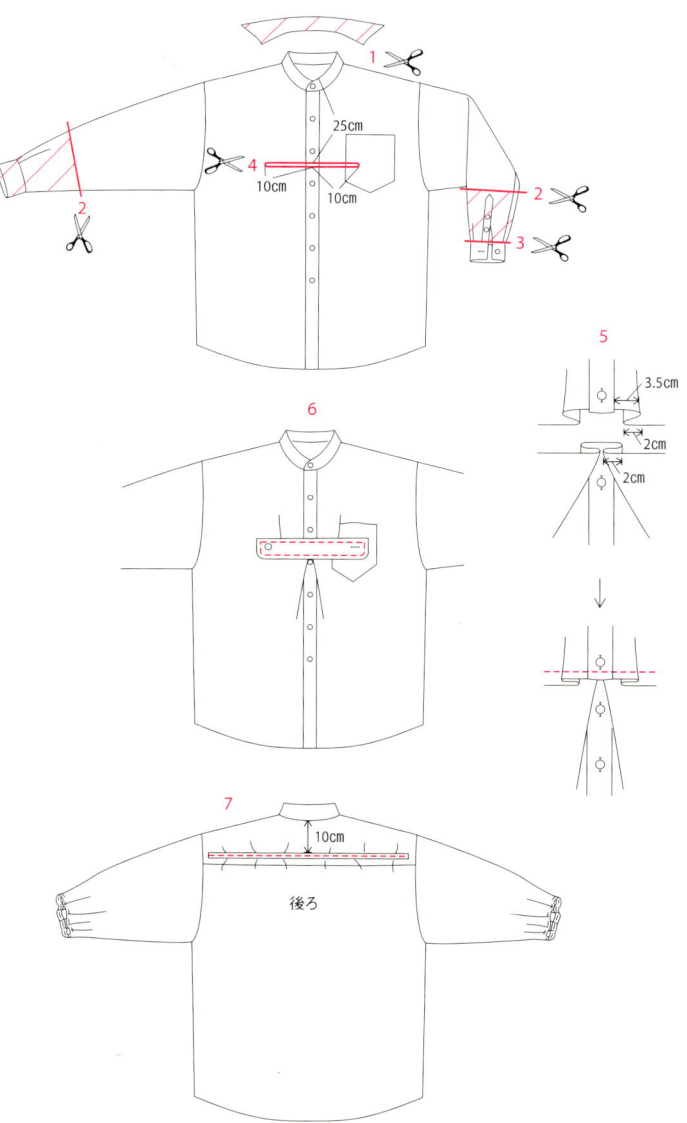

メンズシャツから、
前立てをつないだホールタートップ

p.61 の作品

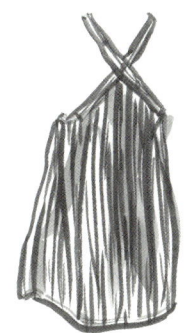

材料
メンズシャツ（XL）　1枚

作り方

1. 前立てをカット。前立てと同じ幅で下前もカット。
2. 図のように、前後身頃を続けてカット。アームホールは縫い目にそって。
3. 前端を中表にして、縫い合わせる。
4. 首回りを図のように残して、両端を内側に折る。首回りは、たたんでステッチ。後ろ身頃も同じ。
5. 前立ての下から2番目のボタンをはめて、前中心に置き、残りを折り目にのせて、ステッチ。後ろ中心をステッチでとめて、出来上り！

memo

後ろをとめるときは、前を縫いとめた後、実際に着てみて、長さを調節します。

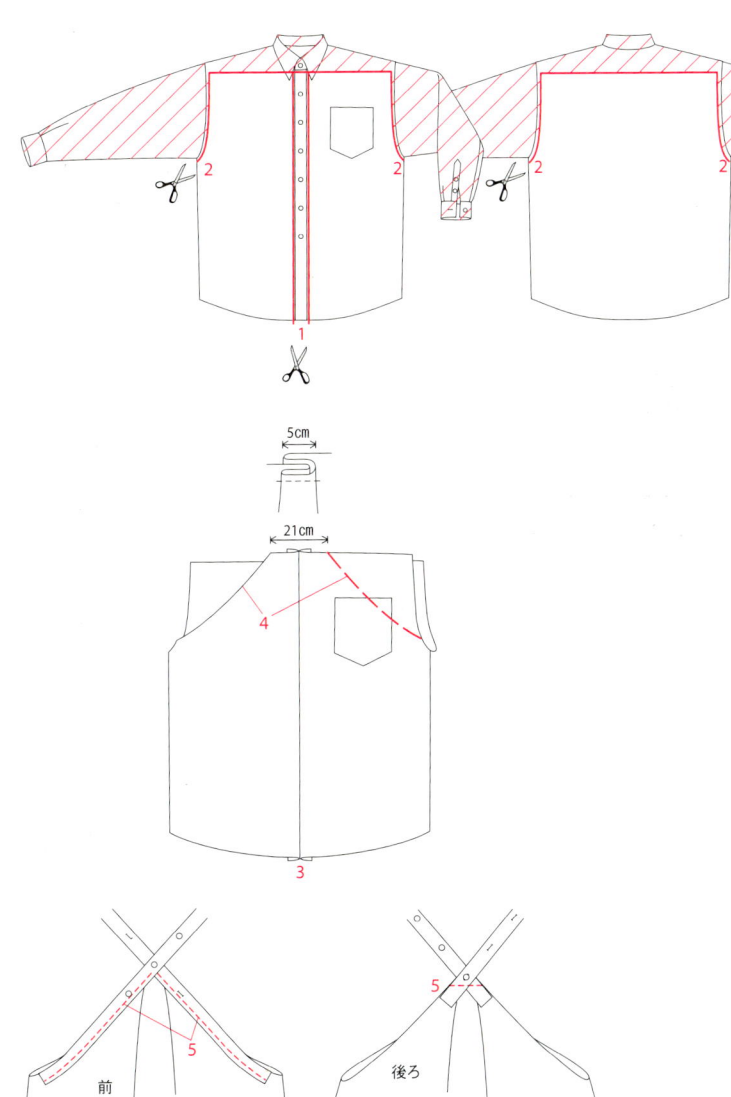

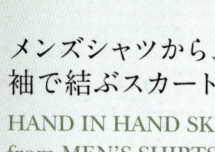

メンズシャツから、
袖で結ぶスカート
HAND IN HAND SKIRT
from MEN'S SHIRTS

シャツで作ったエプロンを2
枚、ボタンでつなげたスカート。
ヨークのあるシャツで作ります。
2枚のシャツのヨークの幅は、
同じでなくてもかまいません。
長さが違っても、ちっともかま
いません。

セーター：マリン フランセーズ 代官山店
ソックス：ニーム 代官山店
靴：chausser（plus by chausser）

作り方 p.66

メンズシャツの
袖を集めた、
バルーンスカート

BALLOON SKIRT
from SLEEVES

切り開いた袖をそのまま生かし
て横にはぎ合わせると、ふんわ
りとバルーンシルエットになりま
す。使わなかったほうの袖のカ
フスをベルトに。

カーディガン、ソックス：
ニーム 代官山店
靴：plus by chausser

作り方 p.67

メンズシャツから、袖で結ぶスカート

p.64の作品

材料
メンズシャツ（XL）　2枚
綾テープ（1cm幅）　200cm

作り方

1. シャツAのヨーク部分をカット。
2. 衿ぐりのカーブが見えなくなるように折って、ステッチ。ここがベルト部分になる。
3. 残った身頃を、図のようにカット。ここがスカート部分になる。
4. 袖を図のようにカット。袖つけ側の端は二つ折りにしてステッチ。ボタンは取る。これがリボン部分になる。
5. 身頃側に残った袖口は、中表にして縫い合わせ、表に返し、内側に入れる。
6. スカート部分上部にタックをたたみ、ベルトと同じ長さにする。ベルトを上に置いて、ステッチで縫い合わせる。
7. ベルトの両サイドに、リボンにした袖のカフスをのせて、ステッチで縫い合わせる。
8. Bのシャツで同じものをもう一つ作る。ただし、こちらは袖のリボンではなく、綾テープを縫いとめる。
9. 二つのスカートのボタンをとめて（この部分が脇になる）、輪にすると、出来上り！

memo

肩ヨークのあるシャツを用意してください。2枚のシャツは、ボタンの間隔が同じものを選んでください。
着るときは、まずBのスカートの綾テープを前で結んでウエストを決め、Aのスカートのリボンを後ろで結びます。

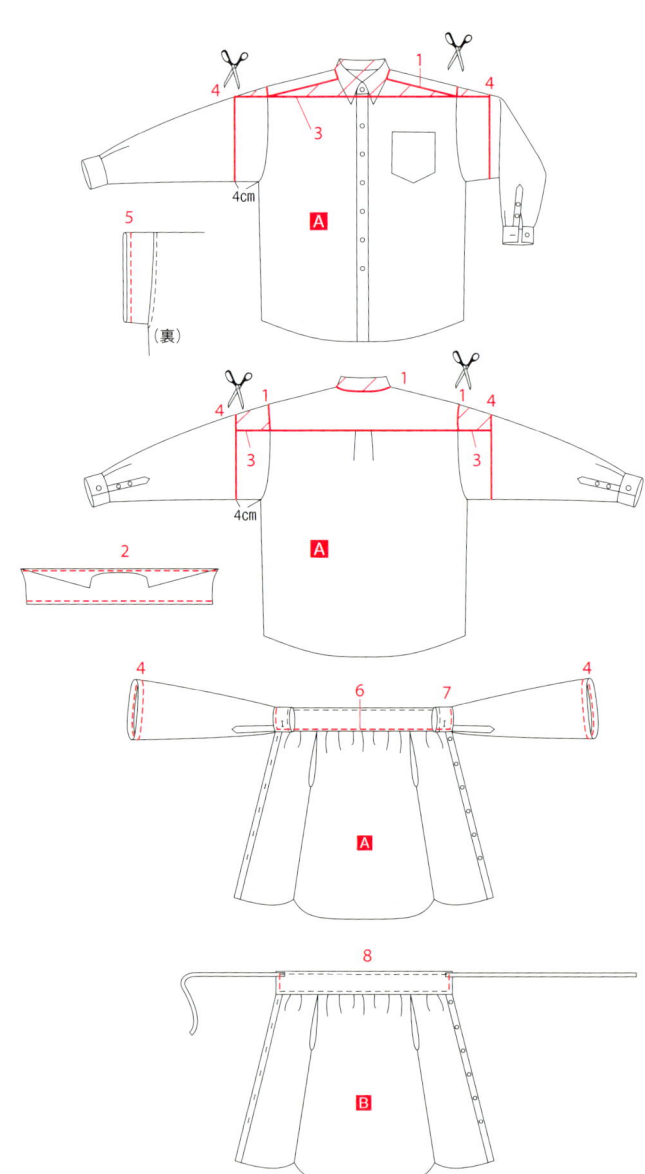

メンズシャツの袖を集めた、
バルーンスカート

p.65 の作品

材料
メンズシャツ　5枚

作り方

1. シャツA、B、C、Dのカフスをカットし、4枚を並べて、ステッチでつなぐ。これがウエストベルトになる。右袖でも左袖でもかまわないが、同じ側の袖を使う。

2. 仕上りの寸法になるところにボタンをつける。

3. シャツA、B、C、D、Eの使わなかった袖のカフスのボタンをはずして、図のように、ボタンのついている短冊を生かすように、切り開く。

4. 5枚の袖を2枚ずつ中表にして縫い合わせる。ここがスカート部分になる（カフスの部分は縫わないで、ボタンをかける）。上部の1か所だけ、図のように縫い残して、あきにする。

5. スカート部分の上端はギャザーを寄せ、ウエストベルトの寸法にして、2にステッチでとめる。出来上り！

memo

カフスも袖も同じ側のものを使うので、このスカートだけを作ろうとすると、5枚のシャツが必要ですが、ほかの作品を作って残った袖を利用すれば大丈夫。

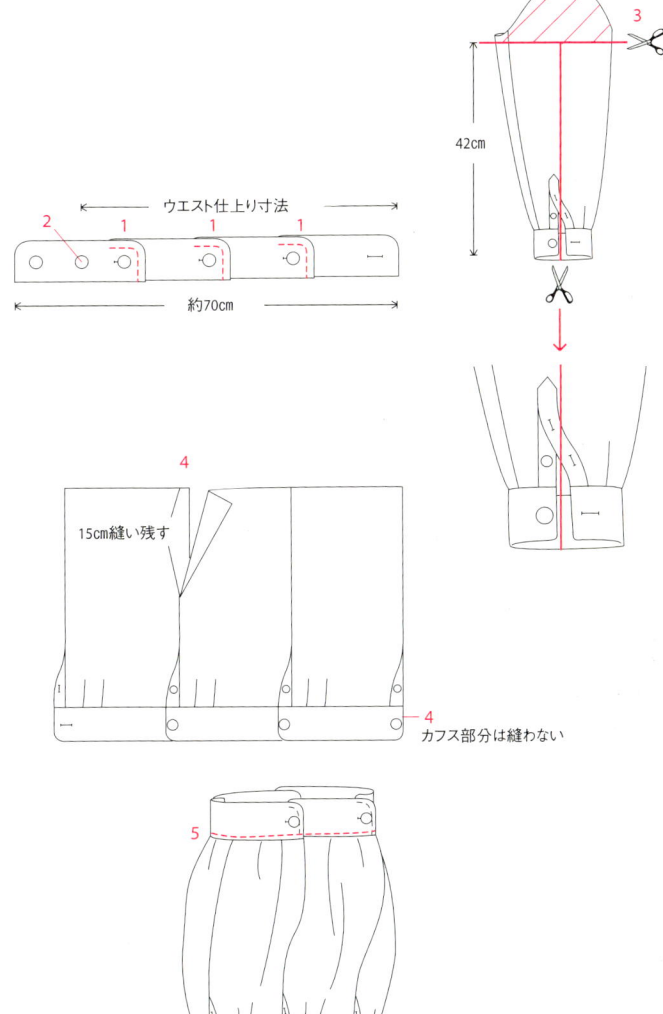

ウエスト仕上り寸法

約70cm

42cm

15cm縫い残す

カフス部分は縫わない

メンズシャツの袖を
はりつけたTシャツ

T-SHIRT with
MEN'S SHIRT SLEEVES

それは誰の袖？なんてききません。
思いどおりの長さにした袖をTシャツ
に縫いつけただけ。思い出は何もか
も忘れなくたっていいんですよ。

パンツ：トレ コトン バーニーム 浦和店
スカーフ：MATRIOCHKA

作り方 p.43

数えきれない
メンズシャツの
衿のトートバッグ

CRAZY COLLARS
TOTE BAG

いったい何人ボーイフレンドがいる
の?なんてききません。たくさんのシ
ャツの台衿と衿を続けてカットして、
つないだバッグ。この作品では13枚
の衿を使っていますが、半分の深さ
でもかわいい。まあ、若いころはた
くさんの出会いは悪いことじゃありま
せんが。

パンツ:CIMARRON(栄光商事)
シャツ、ネックレス:TORO

作り方 p.55

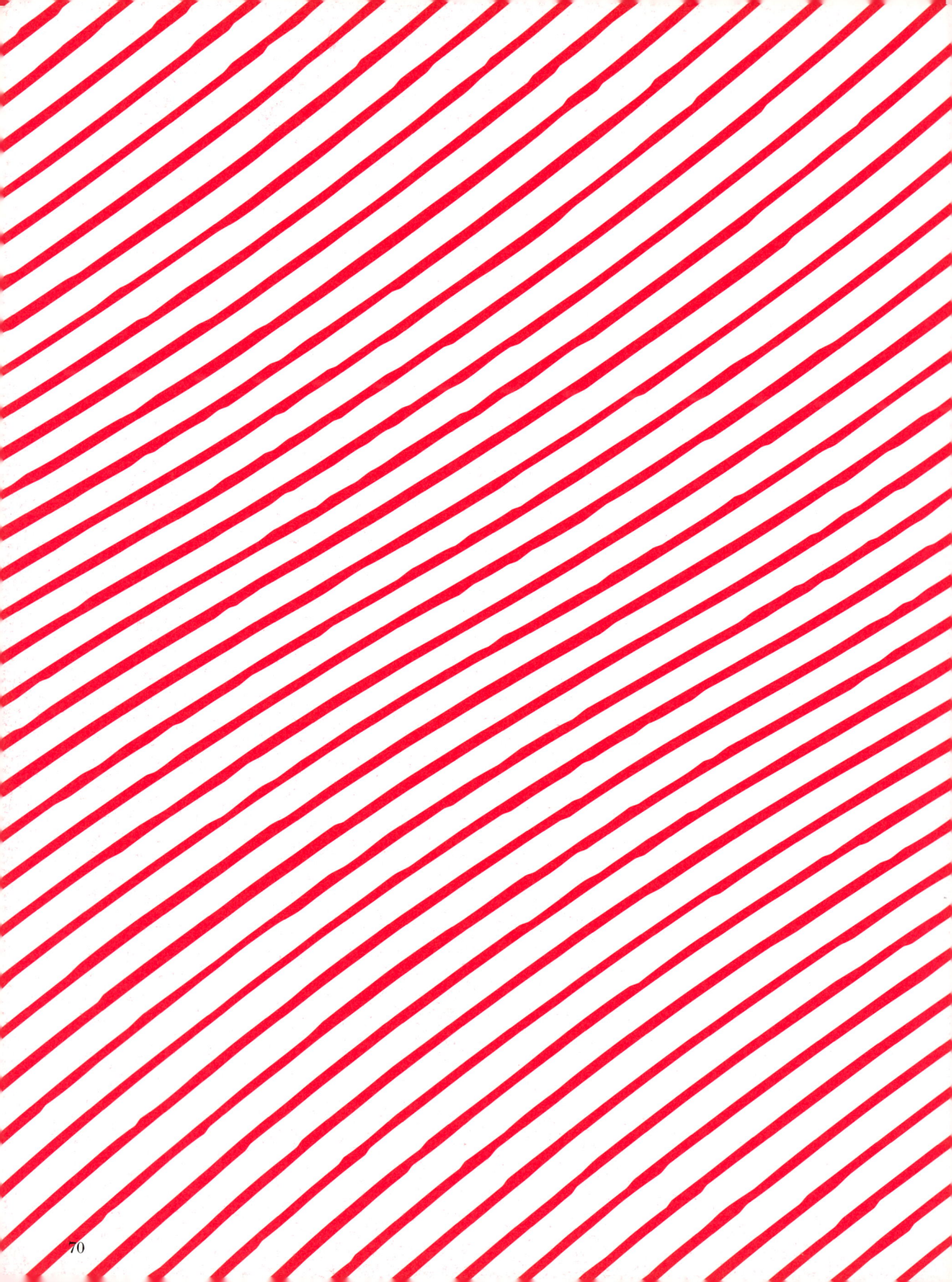

mufflers & neckties

2枚のマフラーから、ベスト
VEST from 2 MUFFLERS

首からゆったりと前に落ちたマフラーが
衿と前身頃になり、もう一つのマフラー
を後ろ身頃にします。端のフリンジを効
果的に使いました。

セーター：LOCAL（HABERDASHERY）
Tシャツ：RITA JEANS TOKYO（GOOD OFFICE）
パンツ：WIM NEELS（HABERDASHERY）
ブレスレット：ARCHIVE & STYLE
靴：Dr. Martens（ドクターマーチンショップ DMS 代官山）

作り方 p.74

2枚のマフラーから、ベスト

p.72 の作品

材料

フリンジつきマフラー
　（フリンジを含まないで、約30 × 150㎝）　2枚

作り方

1. マフラーAのフリンジの両端を、図のようにカット。
2. 片方は半分にカットし、マフラーBに図のように縫いつける。
3. もう片方の端は、マフラーBの中心に重ねて縫う。
4. 2枚のマフラーのそれぞれ♥を合わせて、縫う。
5. マフラー A の中心の図の部分を、Aの幅の寸法★に縫い縮めて、縫い合わせたら、出来上り！

memo

2枚のマフラーの長さが少しくらい違っていても、少しもかまいません。そのときは、短いほうをAにして、5で加減します。

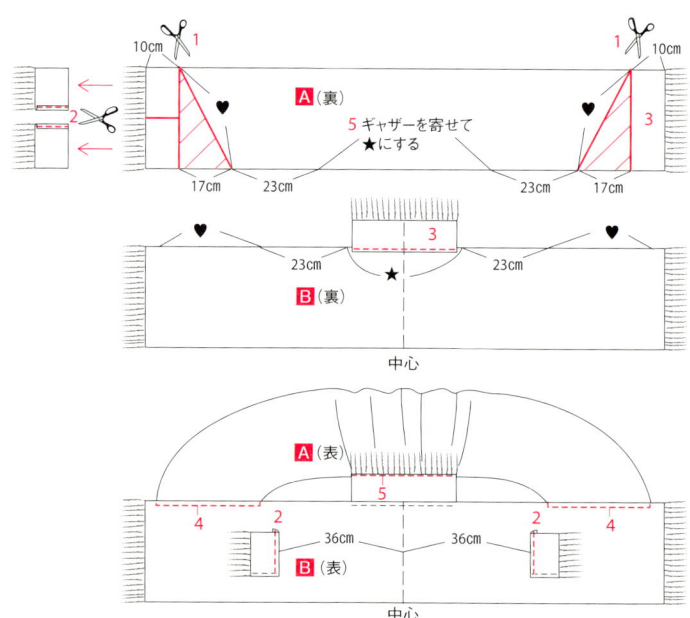

ゆるめたネクタイのブラウス

p.84 の作品

材料
長袖スウェット（メンズXL）　1枚
ネクタイ　1本
ゴムテープ（0.7cm幅）　60cm

作り方

1. スウェットの袖を、図のようにカット。端を内側に三つ折りにして、一部を縫い残してステッチ。ゴムテープを通したら、縫いとじる（p.87参照）。
2. 裾を、図のようにカットし、内側に二つ折りにしてステッチ。
3. ネクタイの中心とスウェットの背中心を合わせ、衿のリブ編みの端にネクタイの端を合わせ、ステッチをかけたら、出来上り！　前中心は、図のように縫い残す。

memo
縫止りは、しっかりと返し縫いをしてください。

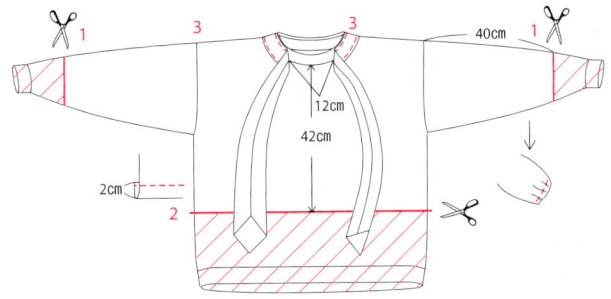

2WAY スカート
2WAY SKIRT from MUFFLERS

家中のマフラーを集めてください。少しく
らい幅や長さが違っていても大丈夫。フ
リンジの部分でそろえて、長さを決めます
から。ギャザースカートにしても、ポンチョ
にしても、家中の暖かさを独り占め。

ベスト、シャツ、ネクタイ：
ARCHIVE & STYLE
パンツ：earnest sewn（栄光商事）
左ページのベルト：Leather Island（LAX）
右ページのブローチ：io yukomura"ta（io / H.P.FRANCE）

作り方 p.78

2 WAY スカート

p.76 の作品

材料
フリンジつきマフラー
　（フリンジを含まないで、約30×150㎝）　3枚
ひも　170㎝

作り方

1. 3枚のマフラーをフリンジ
の内側からはかって、同じ寸
法にカット。
2. 6枚を1㎝ずつ重ねて縫い
合わせる。ただし、前中心に
なるところだけは、中表にして
縫い合わせる。
3. 図のように、前中心にひも
通しの穴をあける。
4. 上の端を3㎝裏に折って、
ステッチ。
5. ひもを通して、出来上り！

memo

図のスカート丈はほんの目安で、
短いマフラーの長さいっぱい
使って、もっと長くしてもいいの
です。ですから、3枚のマフラー
の長さがそろっていなくてもかま
いませんが、いちばん短くても
100㎝はほしいところです。

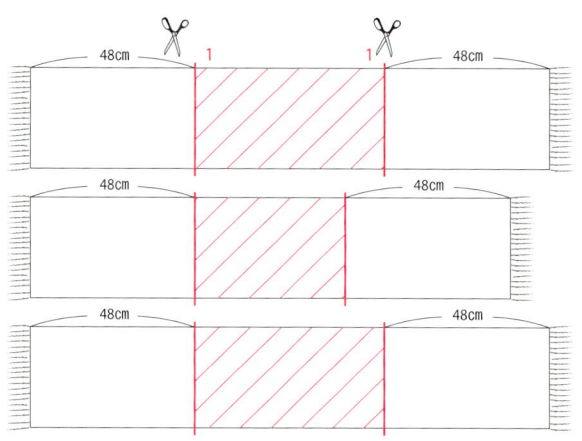

はぎ合せ方

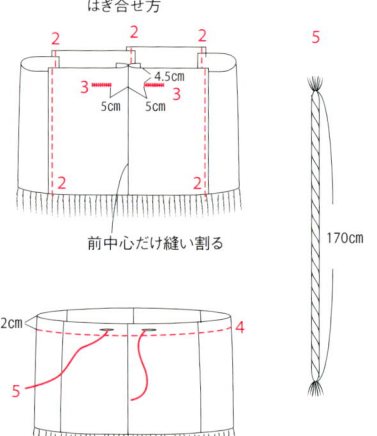

前中心だけ縫い割る

ネクタイで抱きしめて

p.85 の作品

材料
長袖スウェット（メンズXL）　1枚
ネクタイ　1本
ゴムテープ（2.5cm幅）　18cm

作り方

1. ネクタイを、2等分にカット。
2. ネクタイを肩先に、図のように縫いつける。
3. 袖口を図のようにカット。中表にして縫い合わせる（p.58参照）。
4. 背中心の裏に、ゴムテープを 25cmに伸ばして縫いつけたら、出来上り！

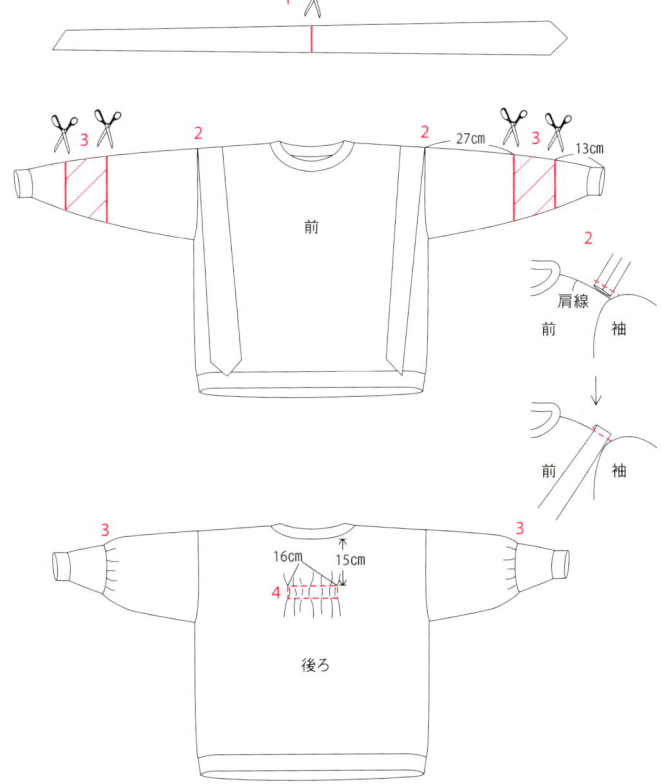

4枚のマフラーから、ポンチョ
PONCHO from 4 MUFFLERS

同じ長さのマフラーを2枚ずつつなぎ、肩と裾
端を縫い合わせれば出来上り。チェックどうし
はどう組み合わせても案外調和してくれますが、
顔に近くなる衿ぐり側のチェックは顔映りを考
えて決めましょう。後ろ前はありませんから、2
種類の着方が楽しめます。

シャツ、ネックレス：ARCHIVE & STYLE
パンツ：TORO
靴：Dr. Martens（ドクターマーチンショップ DMS 代官山）

作り方 p.82

2枚のマフラーから、ミニポンチョ
MINI PONCHO from 2 MUFFLERS

同じ長さのマフラーを4か所縫い合わせれば、
出来上り。たぶん、この本でいちばん簡単です。
この写真では首を出していますが、ただ袖に手
を通しただけで、はおるように着てもすてきです。

シャツ：TOCCA（TOCCA STORE AOYAMA）
スカート：earnest sewn（栄光商事）
ネックレス：MEDICINE DOUCE（HABERDASHERY）
帽子：CA4LA loves Andy Warhol（CA4LA ショールーム）
ベルト：Leather Island（LAX）

作り方 p.83

４枚のマフラーから、ポンチョ

p.80 の作品

材料
フリンジつきマフラー
　（フリンジを含まないで、約30 × 150㎝）　４枚

作り方

1. マフラーAとBを、図のように1㎝重ねてステッチ。CとDも同様。
2. AとCを中表にして、図のように中心を残して縫い合わせる。
3. 縫い残した部分を、図のようにステッチ。
4. 表に返して、図のように端からステッチをかけて、出来上り！

memo
４枚のマフラーの長さが少しくらい違っていても大丈夫。1、2で縫い合わせるとき、それぞれの中心をそろえて縫います。4では、長いほうのマフラーの端からはかって40㎝を縫います。

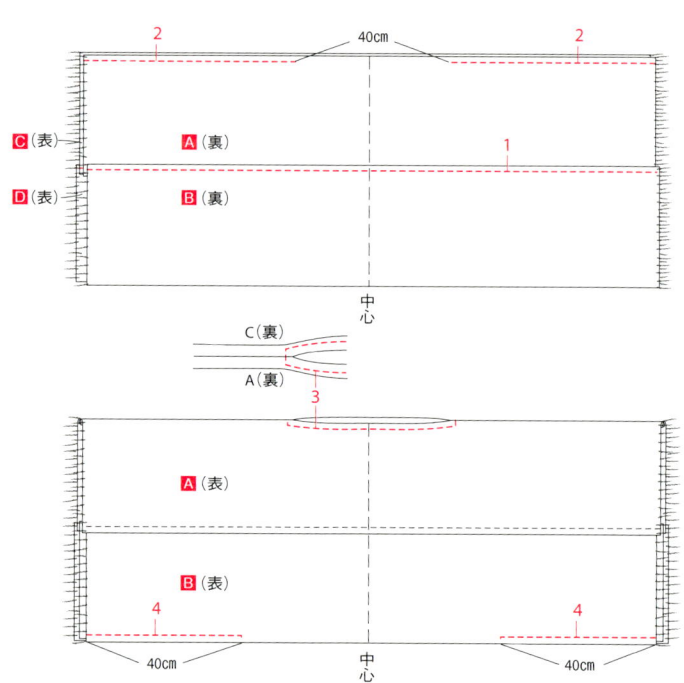

2枚のマフラーから、ミニポンチョ

p.81 の作品

材料
フリンジつきマフラー
　（フリンジを含まないで、約 30 × 150㎝）　2 枚

作り方

1. マフラーを中表にして、図のように中心を残して縫い合わせる。

2. 縫い残した部分を、図のようにステッチ。

3. 表に返して、図のように端からステッチをかけて、出来上り!

memo

2枚のマフラーの長さが少しくらい違っていても大丈夫。1で、2枚の中心をそろえて縫います。3では、長いほうのマフラーの端からはかって40㎝を縫います。

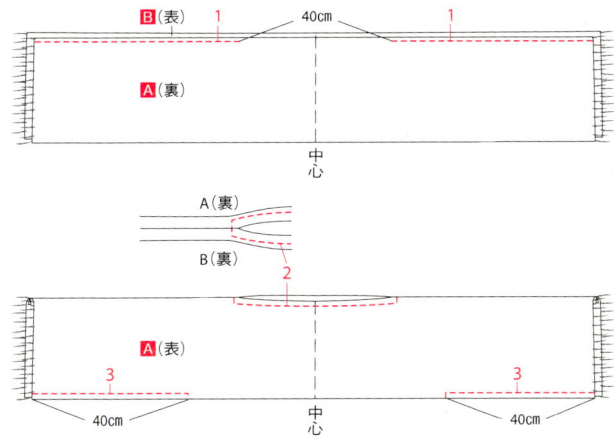

ゆるめたネクタイのブラウス
BLOUSE with NECKTIE
IN THE AFTERNOON

いつもはバリバリ仕事をするビジネスマンが夕方に
ふっとネクタイをゆるめてくつろいでいたりすると、
ちょっとセクシーでどきっとしませんか。そんな感じ
に憧れて。ネクタイをスウェットの衿ぐりに縫いと
めているだけです。

中に着たシャツ：Muchacha (Usagi pour toi)
パンツ、ブレスレット：ARCHIVE & STYLE

作り方 p.75

ネクタイで抱きしめて
HOLD ME TIE!

半分に切ったネクタイをスウェットの肩先に縫いと
めて。ネクタイもまさか、こんなふうに女の子の胸
で蝶々結びされるとは思っていなかったことでしょ
う。シャツもスウェットもマフラーもネクタイもびっ
くりしながら、おしゃれでわがままな女の子のアイ
ディアにつきあわされて、きっと幸せだと思います。

スカート：AMBALI (HABERDASHERY)
帽子：CA4LA × Borsalino (CA4LA ショールーム)

作り方 p.79